法律法规大字实用版系列

中华人民共和国治安管理处罚法

·大字实用版·

法律出版社法规中心 编

图书在版编目(CIP)数据

中华人民共和国治安管理处罚法：大字实用版／法律出版社法规中心编. -- 北京：法律出版社，2023(2023.11重印)
(法律法规大字实用版系列)
ISBN 978-7-5197-7855-2

Ⅰ.①中… Ⅱ.①法… Ⅲ.①治安管理处罚法－中国 Ⅳ.①D922.14

中国国家版本馆 CIP 数据核字(2023)第069153号

中华人民共和国治安管理处罚法(大字实用版)
ZHONGHUA RENMIN GONGHEGUO
ZHIAN GUANLI CHUFAFA(DAZI SHIYONGBAN)

法律出版社
法规中心 编

责任编辑 李 群 赵雪慧
装帧设计 汪奇峰

出版发行	法律出版社	开本	A5
编辑统筹	法规出版分社	印张 5.75	字数 138 千
责任校对	张红蕊	版本	2023 年 6 月第 1 版
责任印制	耿润瑜	印次	2023 年 11 月第 2 次印刷
经　　销	新华书店	印刷	三河市龙大印装有限公司

地址：北京市丰台区莲花池西里 7 号(100073)
网址：www.lawpress.com.cn　　　　销售电话：010-83938349
投稿邮箱：info@lawpress.com.cn　　　客服电话：010-83938350
举报盗版邮箱：jbwq@lawpress.com.cn　咨询电话：010-63939796
版权所有·侵权必究

书号：ISBN 978-7-5197-7855-2　　　　定价：20.00 元
凡购买本社图书，如有印装错误，我社负责退换。电话：010-83938349

编辑出版说明

"法者，天下之准绳也。"在法治社会，人们与其生活的社会发生的所有关系，莫不以法律为纽带和桥梁。人与人之间即是各种法律关系的总和。为帮助广大读者学法、知法、守法、用法，我们组织专业力量精心编写了"法律法规大字实用版系列"丛书。本丛书具有以下特点：

1. 专业。 出版机构专业：成立于1954年的法律出版社，是全国首家法律专业出版机构，有专业的法律编辑队伍和标准的法律文本资源。内容专业：书中的名词解释、实用问答理据权威、精准专业；典型案例均来自最高人民法院、最高人民检察院发布的指导案例、典型案例以及地方法院发布的经典案例，在实践中起到指引法官"同案同判"的作用，具有很强的参考性。

2. 全面。 全书以主体法为编写主线，在法条下辅之以条文主旨、名词解释、实用问答、典型案例，囊括了该条的标准理论阐释和疑难实务问题，帮助读者全面构建该条的立体化知识体系。

3. 实用。 实用问答模块以一问一答的方式解答实务中的疑难问题，读者可按图索骥获取解决实务问题的答案；典型案例模块精选与条文密切相关的经典案例，在书中呈现裁判要旨，读者可按需扫描案例二维码获取案例全文。

4. 易读。采用大字排版、双色印刷，易读不累，清晰疏朗，提升了阅读体验感；波浪线标注条文重点，帮助读者精准捕捉条文要义。

书中可能尚存讹误，不当之处，尚祈读者批评指正。

法律出版社法规中心

2023 年 6 月

目　　录

中华人民共和国治安管理处罚法

第一章　总则 ·································· 002
　第一条　立法目的 ······························· 002
　第二条　违反治安管理行为的性质和特征 ············ 002
　第三条　处罚程序应适用的法律规范 ················ 003
　第四条　适用范围 ······························· 003
　第五条　治安管理处罚的基本原则 ·················· 003
　第六条　加强社会治安综合治理 ···················· 004
　第七条　治安管理工作的主管机关和治安案件的管辖 ··· 004
　第八条　违反治安管理的行为对他人造成损害的民事
　　　　　责任 ································· 004
　第九条　公安机关运用调解方法解决违反治安管理法
　　　　　律行为造成的损害 ······················ 004

第二章　处罚的种类和适用 ························ 007
　第十条　治安管理处罚的种类 ······················ 007
　第十一条　办理治安案件查获的违禁品、工具和违法
　　　　　　所得财物如何处理 ···················· 008

第十二条　对未成年人违反治安管理行为的处罚 ………… 010
第十三条　对精神病人违反治安管理行为的处罚 ………… 011
第十四条　对盲人或者又聋又哑的人违反治安管理行为的处罚 ………………………………………………… 011
第十五条　对醉酒的人违反治安管理行为的处罚 ………… 011
第十六条　有两种以上违法行为的处罚 …………………… 012
第十七条　对共同违反治安管理行为的处罚以及对教唆、胁迫、诱骗他人违反治安管理行为的处罚 ……… 013
第十八条　对单位违反治安管理行为的处罚 ……………… 013
第十九条　违反治安管理应当减轻处罚或者不予处罚的情形 …………………………………………………… 014
第二十条　违反治安管理从重处罚的情形 ………………… 016
第二十一条　应给予行政拘留处罚而不执行的情形 ……… 017
第二十二条　违反治安管理行为的追究时效 ……………… 018

第三章　违反治安管理的行为和处罚 ……………………… 020
　第一节　扰乱公共秩序的行为和处罚 …………………… 020
　　第二十三条　扰乱单位、公共场所、公共交通和选举秩序的行为及处罚 ……………………………… 020
　　第二十四条　扰乱文化、体育等大型群众性活动秩序的行为及处罚 …………………………………… 021
　　第二十五条　扰乱公共秩序的行为及处罚 ……………… 022
　　第二十六条　寻衅滋事行为及处罚 ……………………… 023
　　第二十七条　利用封建迷信、会道门进行非法活动的行为及处罚 ……………………………………… 024
　　第二十八条　干扰无线电业务及无线电台（站）的行为及处罚 …………………………………………… 025

  第二十九条　侵入、破坏计算机信息系统的行为及处罚 …… 025
第二节　妨害公共安全的行为和处罚 …………………… 026
  第三十条　对非法制造、买卖、储存、运输、邮寄、携带、使用、提供、处置危险物质行为的处罚 …… 026
  第三十一条　对危险物质被盗、被抢、丢失不报行为的处罚 ………………………………………… 026
  第三十二条　对非法携带枪支、弹药、管制器具行为的处罚 ………………………………………… 027
  第三十三条　对盗窃、损毁公共设施行为的处罚 ……… 027
  第三十四条　对妨害航空器飞行安全行为的处罚 ……… 027
  第三十五条　对妨害铁路运行安全行为的处罚 ………… 027
  第三十六条　对妨害列车行车安全行为的处罚 ………… 028
  第三十七条　对妨害公共道路安全行为的处罚 ………… 029
  第三十八条　对违规举办大型群众性活动行为的处罚 … 029
  第三十九条　对公共场所经营管理人员违反安全规定行为的处罚 ………………………………… 030
第三节　侵犯人身权利、财产权利的行为和处罚 ………… 031
  第四十条　对恐怖表演、强迫劳动、限制人身自由行为的处罚 ……………………………………… 031
  第四十一条　对胁迫利用他人乞讨和滋扰乞讨行为的处罚 ………………………………………… 032
  第四十二条　对侵犯人身权利六项行为的处罚 ………… 032
  第四十三条　对殴打或故意伤害他人身体行为的处罚 … 033
  第四十四条　对猥亵他人和公共场所裸露身体行为的处罚 … 035
  第四十五条　对虐待家庭成员、遗弃被扶养人行为的处罚 … 035
  第四十六条　对强买强卖、强迫服务行为的处罚 ……… 035

第四十七条　对煽动民族仇恨、民族歧视行为的处罚 …… 036

第四十八条　对侵犯通信自由行为的处罚 …………… 036

第四十九条　对盗窃、诈骗、哄抢、抢夺、敲诈勒索、损毁公私财物行为的处罚 …………………… 037

第四节　妨害社会管理的行为和处罚 ………………… 037

　　第五十条　对拒不执行紧急状态决定、命令和阻碍执行公务行为的处罚 …………………………… 037

　　第五十一条　对招摇撞骗行为的处罚 ……………… 039

　　第五十二条　对伪造、变造、买卖公文、证件、票证行为的处罚 ……………………………… 039

　　第五十三条　对船舶擅进禁、限入水域或岛屿行为的处罚 … 041

　　第五十四条　对违法设立社会团体行为的处罚 …… 041

　　第五十五条　对非法集会、游行、示威行为的处罚 …… 042

　　第五十六条　对旅馆工作人员违反规定行为的处罚 … 044

　　第五十七条　对违法出租房屋行为的处罚 ………… 045

　　第五十八条　对制造噪声干扰他人行为的处罚 …… 046

　　第五十九条　对违法典当、收购行为的处罚 ……… 046

　　第六十条　对妨害执法秩序行为的处罚 …………… 048

　　第六十一条　对协助组织、运送他人偷越国（边）境行为的处罚 …………………………………… 049

　　第六十二条　对偷越国（边）境行为的处罚 ……… 049

　　第六十三条　对妨害文物管理行为的处罚 ………… 050

　　第六十四条　对非法驾驶交通工具行为的处罚 …… 051

　　第六十五条　对破坏他人坟墓、尸体和乱停放尸体行为的处罚 …………………………………… 051

　　第六十六条　对卖淫、嫖娼行为的处罚 …………… 052

第六十七条　对引诱、容留、介绍卖淫的处罚 …………… 052

第六十八条　对传播淫秽信息行为的处罚 ………………… 053

第六十九条　对组织、参与淫秽活动行为的处罚 ………… 053

第七十条　对赌博行为的处罚 ……………………………… 054

第七十一条　对涉及毒品原植物行为的处罚 ……………… 056

第七十二条　对毒品违法行为的处罚 ……………………… 056

第七十三条　对教唆、引诱、欺骗他人吸食、注射毒
品行为的处罚 ………………………………… 057

第七十四条　对旅馆业、饮食服务业、文化娱乐业、
出租汽车业等服务行业的人员通风报信
行为的处罚 …………………………………… 057

第七十五条　对饲养动物干扰正常生活、放任动物恐
吓他人的行为的处罚 ………………………… 058

第七十六条　对屡教不改行为的处罚 ……………………… 058

第四章　处罚程序 …………………………………………… 059

第一节　调查 …………………………………………… 059

第七十七条　公安机关受理治安案件须登记 ……………… 059

第七十八条　公安机关受理治安案件后的处理 …………… 061

第七十九条　严禁非法取证 ………………………………… 061

第八十条　公安机关的保密义务 …………………………… 062

第八十一条　人民警察在办理治安案件过程中哪些情
况下应当回避 ………………………………… 062

第八十二条　传唤的使用条件和批准权限 ………………… 064

第八十三条　传唤后的询问期限与通知义务 ……………… 065

第八十四条　询问笔录的制作以及不满十六周岁的违
反治安管理行为人的监护人到场制度 ……… 066

第八十五条　询问地点、方式及应当遵守的程序 ………… 067

第八十六条　询问聋哑人以及不通晓当地通用语言文字的被询问人时提供语言帮助 ………… 067

第八十七条　公安机关在办理治安案件中进行检查应当遵守的程序规则 ………… 068

第八十八条　检查笔录的制作及签名 ………… 069

第八十九条　公安机关办理治安案件时如何扣押物品以及如何处理扣押物品 ………… 069

第九十条　公安机关查处治安管理案件时如何进行鉴定 …… 070

第二节　决定 ………… 071

第九十一条　治安管理处罚的决定机关 ………… 071

第九十二条　限制人身自由的时间折抵行政拘留 ………… 072

第九十三条　治安管理处罚案件中当事人陈述与其他相关证据的关系 ………… 073

第九十四条　在治安管理处罚中公安机关的告知义务，以及当事人的陈述权和申辩权 ………… 074

第九十五条　公安机关办理治安案件的处理结果 ………… 075

第九十六条　治安管理处罚决定书的内容 ………… 076

第九十七条　公安机关如何实施行政处罚决定的宣告、送达，以及将决定书副本抄送被侵害人 …… 077

第九十八条　公安机关办理治安管理处罚案件时进行听证的条件 ………… 078

第九十九条　公安机关办理治安案件的期限 ………… 080

第一百条　公安机关当场作出治安管理处罚决定 ………… 081

第一百零一条　人民警察当场作出治安管理处罚决定的程序 ………… 083

第一百零二条　被处罚人不服处罚的法律救济途径 ………… 084
第三节　执行 ……………………………………………… 086
　第一百零三条　行政拘留处罚的执行 ………………… 086
　第一百零四条　到指定的银行缴纳罚款以及人民警察
　　　　　　　　可以当场收缴罚款的情形 …………… 087
　第一百零五条　当场收缴罚款的交纳期 ……………… 088
　第一百零六条　罚款收据的制发 ……………………… 089
　第一百零七条　暂缓执行行政拘留的申请和执行 …… 089
　第一百零八条　暂缓执行行政拘留的担保人的条件 … 090
　第一百零九条　暂缓执行行政拘留的担保人的义务 … 091
　第一百一十条　没收保证金 …………………………… 092
　第一百一十一条　退还保证金 ………………………… 092
第五章　执法监督 ………………………………………… 093
　第一百一十二条　公安机关及其人民警察在办理治安
　　　　　　　　　案件过程中应该遵循的执法原则 … 093
　第一百一十三条　公安机关及其人民警察办理治安案
　　　　　　　　　件中的禁止性行为 ………………… 093
　第一百一十四条　公安机关及其人民警察在办理治安
　　　　　　　　　案件行使行政职权行为时，应当接
　　　　　　　　　受社会监督以及监督方式 ………… 093
　第一百一十五条　公安机关依法实行罚款决定与罚款
　　　　　　　　　收缴相分离，以及收缴的罚款应当
　　　　　　　　　上缴国库 …………………………… 094
　第一百一十六条　人民警察在办理治安案件中的违法
　　　　　　　　　违纪行为所应承担的法律责任 …… 095

第一百一十七条　公安机关及其人民警察违法行使职权，造成公民、法人和其他组织合法权益损害时的赔偿责任 …………… 096

第六章　附则 ……………………………………… 099
　　第一百一十八条　"以上""以下""以内"的含义 …… 099
　　第一百一十九条　施行日期 …………………… 099

附录

公安机关执行《中华人民共和国治安管理处罚法》有关问题的解释（2006.1.23） ………………………… 100

公安机关执行《中华人民共和国治安管理处罚法》有关问题的解释（二）（2007.1.26） ……………………… 106

公安机关办理行政案件程序规定（2020.8.6修正） …… 110

中华人民共和国治安管理处罚法

- 2005年8月28日第十届全国人民代表大会常务委员会第十七次会议通过

- 根据2012年10月26日第十一届全国人民代表大会常务委员会第二十九次会议《关于修改〈中华人民共和国治安管理处罚法〉的决定》修正

第一章　总　　则

◆ **第一条　立法目的**＊

为维护社会治安秩序，保障公共安全，保护公民、法人和其他组织的合法权益，规范和保障公安机关及其人民警察依法履行治安管理职责，制定本法。

◆ **第二条　违反治安管理行为的性质和特征**

扰乱公共秩序，妨害公共安全，侵犯人身权利、财产权利，妨害社会管理，具有社会危害性，依照《中华人民共和国刑法》的规定构成犯罪的，依法追究刑事责任；尚不够刑事处罚的，由公安机关依照本法给予治安管理处罚。

名词解释

违反治安管理行为　各种扰乱社会秩序，妨害公共安全，侵犯人身权利、财产权利，妨害社会管理，具有社会危害性，尚不够刑事处罚的行为。

＊ 条文主旨为编者所加，下同。

◆ 第三条　处罚程序应适用的法律规范

治安管理处罚的程序，适用本法的规定；本法没有规定的，适用《中华人民共和国行政处罚法》的有关规定。

◆ 第四条　适用范围

在中华人民共和国领域内发生的违反治安管理行为，除法律有特别规定的外，适用本法。

在中华人民共和国船舶和航空器内发生的违反治安管理行为，除法律有特别规定的外，适用本法。

实用问答

违法行为人为享有外交特权和豁免权的外国人的，办案公安机关应如何处理？

答：根据《公安机关办理行政案件程序规定》第240条的规定，违法行为人为享有外交特权和豁免权的外国人的，办案公安机关应当将其身份、证件及违法行为等基本情况记录在案，保存有关证据，并尽快将有关情况层报省级公安机关，由省级公安机关商请同级人民政府外事部门通过外交途径处理。对享有外交特权和豁免权的外国人，不得采取限制人身自由和查封、扣押的强制措施。

◆ 第五条　治安管理处罚的基本原则

治安管理处罚必须以事实为依据，与违反治安管理行为的性质、情节以及社会危害程度相当。

实施治安管理处罚，应当公开、公正，尊重和保障人权，保护公民的人格尊严。

办理治安案件应当坚持教育与处罚相结合的原则。

◆ **第六条　加强社会治安综合治理**

各级人民政府应当加强社会治安综合治理，采取有效措施，化解社会矛盾，增进社会和谐，维护社会稳定。

◆ **第七条　治安管理工作的主管机关和治安案件的管辖**

国务院公安部门负责全国的治安管理工作。县级以上地方各级人民政府公安机关负责本行政区域内的治安管理工作。

治安案件的管辖由国务院公安部门规定。

◆ **第八条　违反治安管理的行为对他人造成损害的民事责任**

违反治安管理的行为对他人造成损害的，行为人或者其监护人应当依法承担民事责任。

◆ **第九条　公安机关运用调解方法解决违反治安管理法律行为造成的损害**

对于因民间纠纷引起的打架斗殴或者损毁他人财物等违反治安管理行为，情节较轻的，公安机关可以调解处理。经公安机关调解，当事人达成协议的，不予处罚。经调解未达成协议或者达成协议后不履行的，公安机关应当依照本法的规定对违反治安管理行为人给予处罚，并告知当事人可以就民事争议依法向人民法院提起民事诉讼。

1. 对于哪些治安案件，可以调解处理？

答：根据《公安机关办理行政案件程序规定》第 178 条的规定，对于因民间纠纷引起的殴打他人、故意伤害、侮辱、诽谤、诬告陷害、故意损毁财物、干扰他人正常生活、侵犯隐私、非法侵入住宅等违反治安管理行为，情节较轻，且具有下列情形之一的，可以调解处理：（1）亲友、邻里、同事、在校学生之间因琐事发生纠纷引起的；（2）行为人的侵害行为系由被侵害人事前的过错行为引起的；（3）其他适用调解处理更易化解矛盾的。对不构成违反治安管理行为的民间纠纷，应当告知当事人向人民法院或者人民调解组织申请处理。对情节轻微、事实清楚、因果关系明确、不涉及医疗费用、物品损失或者双方当事人对医疗费用和物品损失的赔付无争议，符合治安调解条件，双方当事人同意当场调解并当场履行的治安案件，可以当场调解，并制作调解协议书。当事人基本情况、主要违法事实和协议内容在现场录音录像中明确记录的，不再制作调解协议书。

2. 对于哪些治安案件，不适用调解处理？

答：根据《公安机关办理行政案件程序规定》第 179 条的规定，具有下列情形之一的，不适用调解处理：（1）雇凶伤害他人的；（2）结伙斗殴或者其他寻衅滋事的；（3）多次实施违反治安管理行为的；（4）当事人明确表示不愿意调解处理的；（5）当事人在治安调解过程中又针对对方实施违反治安管理行为的；（6）调解过程中，违法嫌疑人逃跑的；（7）其他不宜调解处理的。

3. 公安机关调解处理案件时应遵循哪些原则?

答:根据《公安机关办理行政案件程序规定》第 180 条的规定,公安机关调解处理案件,应当查明事实,收集证据,并遵循合法、公正、自愿、及时的原则,注重教育和疏导,化解矛盾。

第二章　处罚的种类和适用

◆ **第十条　治安管理处罚的种类**

治安管理处罚的种类分为：
（一）警告；
（二）罚款；
（三）行政拘留；
（四）吊销公安机关发放的许可证。
对违反治安管理的外国人，可以附加适用限期出境或者驱逐出境。

名词解释

警告　公安机关依法对违反治安管理行为人所作出的正式谴责和告诫，指出行为人的违法行为及危害，使其引起警觉、不致再犯的一种治安管理处罚。

罚款　公安机关依法作出的，限令违反治安管理行为人在一定期限内向国家缴纳一定数额金钱的治安管理处罚。

行政拘留　公安机关依法作出的，对违反治安管理行为人在一定时间内限制其人身自由的一种治安管理处罚。

吊销公安机关发放的许可证　公安机关依法收回违反治安管理行为人已获得的从事某项活动的权利或者资格的证书，从而剥夺相对人从事某种特许活动的权利或者资格的治安管理处罚。

限期出境　公安机关对违反治安管理的外国人，限定其在一定期限内离开中华人民共和国国境的治安管理处罚。

驱逐出境　公安机关对违反治安管理的外国人，强迫其离开中华人民共和国国境的治安管理处罚。

实用问答

公安机关办理涉外治安管理处罚案件对外国人适用行政处罚时，应如何处理？

答：根据《公安机关执行〈中华人民共和国治安管理处罚法〉有关问题的解释》第2条的规定，对外国人需要依法适用限期出境、驱逐出境处罚的，由承办案件的公安机关逐级上报公安部或者公安部授权的省级人民政府公安机关决定，由承办案件的公安机关执行。对外国人依法决定行政拘留的，由承办案件的县级以上（含县级）公安机关决定，不再报上一级公安机关批准。对外国人依法决定警告、罚款、行政拘留，并附加适用限期出境、驱逐出境处罚的，应当在警告、罚款、行政拘留执行完毕后，再执行限期出境、驱逐出境。

◆ 第十一条　办理治安案件查获的违禁品、工具和违法所得财物如何处理

办理治安案件所查获的毒品、淫秽物品等违禁品，赌具、赌资，吸食、注射毒品的用具以及直接用于实施违反治安管理行为的本人所有的工具，应当收缴，按照规定处理。

违反治安管理所得的财物，追缴退还被侵害人；没有被侵害人的，登记造册，公开拍卖或者按照国家有关规定处理，所得款项上缴国库。

实用问答

1. 公安机关在办理行政案件中查获的哪些物品应当依法收缴？

答：根据《公安机关办理行政案件程序规定》第 194 条的规定，对在办理行政案件中查获的下列物品应当依法收缴：（1）毒品、淫秽物品等违禁品；（2）赌具和赌资；（3）吸食、注射毒品的用具；（4）伪造、变造的公文、证件、证明文件、票证、印章等；（5）倒卖的车船票、文艺演出票、体育比赛入场券等有价票证；（6）主要用于实施违法行为的本人所有的工具以及直接用于实施毒品违法行为的资金；（7）法律、法规规定可以收缴的其他非法财物。

2. 多名违法行为人共同实施违法行为，违法所得或者非法财物无法分清所有人的，应当如何处理？

答：根据《公安机关办理行政案件程序规定》第 194 条的规定，多名违法行为人共同实施违法行为，违法所得或者非法财物无法分清所有人的，作为共同违法所得或者非法财物予以处理。

3. 公安机关对收缴和追缴的财物应当如何处理？

答：根据《公安机关办理行政案件程序规定》第 196 条的规定，对收缴和追缴的财物，经原决定机关负责人批准，按照下列规定分别处理：（1）属于被侵害人或者善意第三人的合法财物，应当及时返还；（2）没有被侵害人的，登记造册，按照规定上缴国库或者依法变卖、拍卖后，将所得款项上缴国库；（3）违禁品、没有价值的物品，或者价值轻微、无法变卖、拍卖的物品，统一登记造册后销毁；（4）对无法变卖或者拍卖的危险物品，由县级以上公安机关主管部门组织销毁或者交有关厂家回收。

◆ **第十二条　对未成年人违反治安管理行为的处罚**

已满十四周岁不满十八周岁的人违反治安管理的，从轻或者减轻处罚；不满十四周岁的人违反治安管理的，不予处罚，但是应当责令其监护人严加管教。

实用问答

1. 对于未达到刑事责任年龄不予刑事处罚的人，能否予以治安管理处罚？

答：根据《公安机关执行〈中华人民共和国治安管理处罚法〉有关问题的解释（二）》第 3 条的规定，对已满 14 周岁不满 16 周岁不予刑事处罚的，应当责令其家长或者监护人加以管教；必要时，可以依照《治安管理处罚法》的相关规定予以治安管理处罚，或者依照《刑法》第 17 条的规定予以专门矫治教育。

2. 违反治安管理行为人具有《治安管理处罚法》第 12 条减轻处罚情节，应当如何处理？

答：根据《公安机关执行〈中华人民共和国治安管理处罚法〉有关问题的解释（二）》第 4 条的规定，违反治安管理行为人具有《治安管理处罚法》第 12 条减轻处罚情节的，按下列规定适用：（1）法定处罚种类只有一种，在该法定处罚种类的幅度以下减轻处罚。（2）法定处罚种类只有一种，在该法定处罚种类的幅度以下无法再减轻处罚的，不予处罚。（3）规定拘留并处罚款的，在法定处罚幅度以下单独或者同时减轻拘留和罚款，或者在法定处罚幅度内单处拘留。（4）规定拘留可以并处罚款的，在拘留的法定处罚幅度以下减轻处罚；在拘留的法定处罚幅度以下无法再减轻处罚的，不予处罚。

◆ 第十三条　对精神病人违反治安管理行为的处罚

精神病人在不能辨认或者不能控制自己行为的时候违反治安管理的，不予处罚，但是应当责令其监护人严加看管和治疗。间歇性的精神病人在精神正常的时候违反治安管理的，应当给予处罚。

实用问答

对精神病人如何进行行政处罚？

答：根据《公安机关办理行政案件程序规定》第158条的规定，精神病人在不能辨认或者不能控制自己行为时有违法行为的，不予行政处罚，但应当责令其监护人严加看管和治疗，并在不予行政处罚决定书中载明。间歇性精神病人在精神正常时有违法行为的，应当给予行政处罚。尚未完全丧失辨认或者控制自己行为能力的精神病人有违法行为的，应当予以行政处罚，但可以从轻或者减轻行政处罚。

◆ 第十四条　对盲人或者又聋又哑的人违反治安管理行为的处罚

盲人或者又聋又哑的人违反治安管理的，可以从轻、减轻或者不予处罚。

◆ 第十五条　对醉酒的人违反治安管理行为的处罚

醉酒的人违反治安管理的，应当给予处罚。

醉酒的人在醉酒状态中，对本人有危险或者对他人的人身、财产或者公共安全有威胁的，应当对其采取保护性措施约束至酒醒。

实用问答

对于处在醉酒状态中的违法嫌疑人，公安机关如何处理？

答：根据《公安机关办理行政案件程序规定》第58条的规定，违法嫌疑人在醉酒状态中，对本人有危险或者对他人的人身、财产或者公共安全有威胁的，可以对其采取保护性措施约束至酒醒，也可以通知其家属、亲友或者所属单位将其领回看管，必要时，应当送医院醒酒。对行为举止失控的醉酒人，可以使用约束带或者警绳等进行约束，但是不得使用手铐、脚镣等警械。约束过程中，应当指定专人严加看护。确认醉酒人酒醒后，应当立即解除约束，并进行询问。约束时间不计算在询问查证时间内。

◆ 第十六条　有两种以上违法行为的处罚

有两种以上违反治安管理行为的，分别决定，合并执行。行政拘留处罚合并执行的，最长不超过二十日。

实用问答

1. 一个行为人有两种以上违法行为时，公安机关如何作出处罚决定？

答：根据《公安机关办理行政案件程序规定》第161条的规定，一人有两种以上违法行为的，分别决定，合并执行，可以制作一份决定书，分别写明对每种违法行为的处理内容和合并执行的内容。

2. 一个案件有多个违法行为人时，公安机关如何作出处罚决定？

答：根据《公安机关办理行政案件程序规定》第161条的规定，一个案件有多个违法行为人的，分别决定，可以制作一式多份决定书，写明给予每个人的处理决定，分别送达每一个违法行为人。

◆ **第十七条　对共同违反治安管理行为的处罚以及对教唆、胁迫、诱骗他人违反治安管理行为的处罚**

共同违反治安管理的，根据违反治安管理行为人在违反治安管理行为中所起的作用，分别处罚。

教唆、胁迫、诱骗他人违反治安管理的，按照其教唆、胁迫、诱骗的行为处罚。

名词解释

共同违反治安管理　两个或者两个以上的行为人，出于共同的违反治安管理的故意，实施了共同的违反治安管理的行为。

教唆他人违反治安管理　唆使、怂恿他人实施违反治安管理的行为。

胁迫他人违反治安管理　对他人进行威胁、恐吓等精神强制，使他人不敢不实施违反治安管理的行为。

诱骗他人违反治安管理　以隐瞒后果等手段，诱导、欺骗他人实施违反治安管理的行为。

◆ **第十八条　对单位违反治安管理行为的处罚**

单位违反治安管理的，对其直接负责的主管人员和其他直接责任人员依照本法的规定处罚。其他法律、行政法规对同一行为规定给予单位处罚的，依照其规定处罚。

实用问答

1. 对于单位实施的《治安管理处罚法》第 3 章规定的违反治安管理行为,应当如何处理?

答:根据《公安机关执行〈中华人民共和国治安管理处罚法〉有关问题的解释》第 4 条的规定,对单位实施《治安管理处罚法》第 3 章所规定的违反治安管理行为的,应当依法对其直接负责的主管人员和其他直接责任人员予以治安管理处罚;其他法律、行政法规对同一行为明确规定由公安机关给予单位警告、罚款、没收违法所得、没收非法财物等处罚,或者采取责令其限期停业整顿、停业整顿、取缔等强制措施的,应当依照其规定办理。对被依法吊销许可证的单位,应当同时依法收缴非法财物、追缴违法所得。参照《刑法》的规定,单位是指公司、企业、事业单位、机关、团体。

2. 单位违反治安管理,其他法律、行政法规对同一行为没有规定给予单位处罚的,应当如何处理?

答:根据《公安部关于如何执行〈治安管理处罚法〉第十八条规定问题的批复》的规定,单位违反治安管理,其他法律、行政法规对同一行为没有规定给予单位处罚的,不对单位处罚,但应当依照《治安管理处罚法》的规定,对其直接负责的主管人员和其他直接责任人员予以处罚。

◆ **第十九条　违反治安管理应当减轻处罚或者不予处罚的情形**

违反治安管理有下列情形之一的,减轻处罚或者不予处罚:
(一)情节特别轻微的;
(二)主动消除或者减轻违法后果,并取得被侵害人谅解的;

（三）出于他人胁迫或者诱骗的；
（四）主动投案，向公安机关如实陈述自己的违法行为的；
（五）有立功表现的。

实用问答

违法行为人有哪些情形时应当从轻、减轻处罚或者不予行政处罚？

答： 根据《公安机关办理行政案件程序规定》第159条的规定，违法行为人有下列情形之一的，应当从轻、减轻处罚或者不予行政处罚：（1）主动消除或者减轻违法行为危害后果，并取得被侵害人谅解的；（2）受他人胁迫或者诱骗的；（3）有立功表现的；（4）主动投案，向公安机关如实陈述自己的违法行为的；（5）其他依法应当从轻、减轻或者不予行政处罚的。违法行为轻微并及时纠正，没有造成危害后果的，不予行政处罚。盲人或者又聋又哑的人违反治安管理的，可以从轻、减轻或者不予行政处罚；醉酒的人违反治安管理的，应当给予处罚。

典型案例

王某庆诉凤城市公安局治安管理处罚案[1]

要旨： 本案中，被告凤城市公安局已认定扈某清按压原告王某庆头部并用柿子打王某庆头部的事实，该事实有证人肖某、陶某颖、车某春、于某艳等证实，并与现场监控视频、病志所反映的情形一

---

[1] 参见辽宁省凤城市人民法院（2017）辽0682行初21号行政判决书。

致，被告凤城市公安局已认定的事实不符合《治安管理处罚法》第 19 条第 1 项规定的情节特别轻微的要求，故被告凤城市公安局作出的丹公凤（治）不罚决字（2017）1 号不予行政处罚决定书事实不清，证据不足，适用法律不当。

◆ **第二十条　违反治安管理从重处罚的情形**

违反治安管理有下列情形之一的，从重处罚：
（一）有较严重后果的；
（二）教唆、胁迫、诱骗他人违反治安管理的；
（三）对报案人、控告人、举报人、证人打击报复的；
（四）六个月内曾受过治安管理处罚的。

实用问答

违法行为人有哪些情形时应当从重处罚？

答：根据《公安机关办理行政案件程序规定》第 160 条的规定，违法行为人有下列情形之一的，应当从重处罚：（1）有较严重后果的；（2）教唆、胁迫、诱骗他人实施违法行为的；（3）对报案人、控告人、举报人、证人等打击报复的；（4）6 个月内曾受过治安管理处罚或者 1 年内因同类违法行为受到 2 次以上公安行政处罚的；（5）刑罚执行完毕 3 年内，或者在缓刑期间，违反治安管理的。

◆ **第二十一条　应给予行政拘留处罚而不执行的情形**

违反治安管理行为人有下列情形之一，依照本法应当给予行政拘留处罚的，不执行行政拘留处罚：

（一）已满十四周岁不满十六周岁的；
（二）已满十六周岁不满十八周岁，初次违反治安管理的；
（三）七十周岁以上的；
（四）怀孕或者哺乳自己不满一周岁婴儿的。

实用问答

1. 对于《治安管理处罚法》第 21 条规定的应给予行政拘留处罚而不执行的违反治安管理行为人应如何处理？

答：根据《公安机关执行〈中华人民共和国治安管理处罚法〉有关问题的解释》第 5 条的规定，被处罚人居住地公安派出所应当会同被处罚人所在单位、学校、家庭、居（村）民委员会、未成年人保护组织和有关社会团体进行帮教。《治安管理处罚法》第 21 条涉及的未成年人、老年人的年龄，怀孕或者哺乳自己不满 1 周岁婴儿的妇女的情况，以其实施违反治安管理行为或者正要执行行政拘留时的实际情况确定，即违反治安管理行为人在实施违反治安管理行为时具有《治安管理处罚法》第 21 条规定的情形之一的，或者执行行政拘留时符合《治安管理处罚法》第 21 条规定的情形之一的，均不再投送拘留所执行行政拘留。

2. 如何认定《治安管理处罚法》第 21 条第 2 项规定的"初次违反治安管理"？

答：根据《公安机关执行〈中华人民共和国治安管理处罚法〉有关问题的解释（二）》第 5 条的规定，《治安管理处罚法》第 21

条第 2 项规定的"初次违反治安管理",是指行为人的违反治安管理行为第一次被公安机关发现或者查处。但具有下列情形之一的,不属于"初次违反治安管理":(1)曾违反治安管理,虽未被公安机关发现或者查处,但仍在法定追究时效内的;(2)曾因不满 16 周岁违反治安管理,不执行行政拘留的;(3)曾违反治安管理,经公安机关调解结案的;(4)曾被专门矫治教育、劳动教养的;(5)曾因实施扰乱公共秩序,妨害公共安全,侵犯人身权利、财产权利,妨害社会管理的行为被人民法院判处刑罚或者免除刑事处罚的。

◆ 第二十二条　违反治安管理行为的追究时效

违反治安管理行为在六个月内没有被公安机关发现的,不再处罚。

前款规定的期限,从违反治安管理行为发生之日起计算;违反治安管理行为有连续或者继续状态的,从行为终了之日起计算。

实用问答

1. 违反治安管理行为和其他违法行为的追究时效是多久?从何时起算?

答:《公安机关办理行政案件程序规定》第 154 条规定:"违反治安管理行为在六个月内没有被公安机关发现,其他违法行为在二年内没有被公安机关发现的,不再给予行政处罚。前款规定的期限,从违法行为发生之日起计算,违法行为有连续、继续或者持续状态的,从行为终了之日起计算。被侵害人在违法行为追究时效内向公安机关控告,公安机关应当受理而不受理的,不受本条第一款追究时效的限制。"

2. 对于超过追究时效的违反治安管理行为，公安机关应当如何处理？

答： 根据《公安机关执行〈中华人民共和国治安管理处罚法〉有关问题的解释》第3条的规定，公安机关对超过追究时效的违反治安管理行为不再处罚，但有违禁品的，应当依法予以收缴。

典型案例

李某丹与双鸭山市公安局永红派出所、第三人杜某华治安管理处罚案[①]

要旨： 李某丹参与的厮打互殴违反治安管理行为，在事发当日已经因于某、李某华的报案而被公安机关发现，只是由于证据不充分，永红派出所才未作出行政处罚决定。本案情形不适用《治安管理处罚法》第22条的规定，永红派出所于2015年1月13日对李某丹作出的行政处罚未超过法定追诉期限。永红派出所对李某丹作出的行政处罚决定，证据确凿，适用法律、法规正确，符合法定程序。

[①] 参见黑龙江省双鸭山市中级人民法院（2016）黑05行终16号行政判决书。

第三章　违反治安管理的行为和处罚

第一节　扰乱公共秩序的行为和处罚

◆ **第二十三条　扰乱单位、公共场所、公共交通和选举秩序的行为及处罚**

有下列行为之一的,处警告或者二百元以下罚款;情节较重的,处五日以上十日以下拘留,可以并处五百元以下罚款:

(一)扰乱机关、团体、企业、事业单位秩序,致使工作、生产、营业、医疗、教学、科研不能正常进行,尚未造成严重损失的;

(二)扰乱车站、港口、码头、机场、商场、公园、展览馆或者其他公共场所秩序的;

(三)扰乱公共汽车、电车、火车、船舶、航空器或者其他公共交通工具上的秩序的;

(四)非法拦截或者强登、扒乘机动车、船舶、航空器以及其他交通工具,影响交通工具正常行驶的;

(五)破坏依法进行的选举秩序的。

聚众实施前款行为的,对首要分子处十日以上十五日以下拘留,可以并处一千元以下罚款。

◆ 第二十四条 扰乱文化、体育等大型群众性活动秩序的行为及处罚

有下列行为之一，扰乱文化、体育等大型群众性活动秩序的，处警告或者二百元以下罚款；情节严重的，处五日以上十日以下拘留，可以并处五百元以下罚款：
（一）强行进入场内的；
（二）违反规定，在场内燃放烟花爆竹或者其他物品的；
（三）展示侮辱性标语、条幅等物品的；
（四）围攻裁判员、运动员或者其他工作人员的；
（五）向场内投掷杂物，不听制止的；
（六）扰乱大型群众性活动秩序的其他行为。
因扰乱体育比赛秩序被处以拘留处罚的，可以同时责令其十二个月内不得进入体育场馆观看同类比赛；违反规定进入体育场馆的，强行带离现场。

实用问答

哪些活动属于大型群众性活动？

答：根据《大型群众性活动安全管理条例》第2条的规定，大型群众性活动，是指法人或者其他组织面向社会公众举办的每场次预计参加人数达到1000人以上的下列活动：（1）体育比赛活动；（2）演唱会、音乐会等文艺演出活动；（3）展览、展销等活动；（4）游园、灯会、庙会、花会、焰火晚会等活动；（5）人才招聘会、现场开奖的彩票销售等活动。

◆ 第二十五条 扰乱公共秩序的行为及处罚

有下列行为之一的,处五日以上十日以下拘留,可以并处五百元以下罚款;情节较轻的,处五日以下拘留或者五百元以下罚款:

(一)散布谣言,谎报险情、疫情、警情或者以其他方法故意扰乱公共秩序的;

(二)投放虚假的爆炸性、毒害性、放射性、腐蚀性物质或者传染病病原体等危险物质扰乱公共秩序的;

(三)扬言实施放火、爆炸、投放危险物质扰乱公共秩序的。

典型案例

焦某刚诉和平公安分局治安管理处罚决定行政纠纷案[1]

要旨: 依法作出的行政处罚决定一旦生效,其法律效力不仅及于行政相对人,而且及于行政机关,不能随意被撤销。已经生效的行政处罚决定如果随意被撤销,不利于社会秩序的恢复和稳定。

错误的治安管理行政处罚决定只能依照法定程序纠正。《公安机关内部执法监督工作规定》是公安部为保障公安机关及人民警察依法正确履行职责,防止和纠正违法和不当的执法行为,保护公民、法人和其他组织的合法权益而制定的内部规章,不能成为制作治安管理行政处罚决定的法律依据。

在行政处罚程序中始终贯彻允许当事人陈述和申辩的原则,只

---

[1] 载《最高人民法院公报》2006年第10期。

会有利于事实的查明和法律的正确适用,不会混淆是非,更不会因此使违法行为人逃脱应有的惩罚。

> ◆ **第二十六条 寻衅滋事行为及处罚**
>
> 有下列行为之一的,处五日以上十日以下拘留,可以并处五百元以下罚款;情节较重的,处十日以上十五日以下拘留,可以并处一千元以下罚款:
> (一)结伙斗殴的;
> (二)追逐、拦截他人的;
> (三)强拿硬要或者任意损毁、占用公私财物的;
> (四)其他寻衅滋事行为。

名词解释

结伙斗殴 客观表现为打群架,即出于藐视社会秩序、私仇旧怨、争夺地盘或者谋求某种非法利益等动机而结成团伙、打架斗殴的行为。

寻衅滋事 在公共场所无事生非、肆意挑衅、起哄闹事、横行霸道、破坏公共秩序,尚未造成严重后果的行为。

典型案例

彭某诉颍上县公安局治安管理处罚案[①]

要旨:本案中,彭某因要求颍上县迪沟镇人民政府出具参加公

---

① 参见安徽省阜阳市中级人民法院(2016)皖12行终29号行政判决书。

务员考试的证明未果，不听劝阻，采取用手掰、用竹竿撬的方法将颍上县迪沟镇人民政府大楼门旁的"中国共产党迪沟镇委员会"的金属牌子摘掉并抱回家中，其行为已违反《治安管理处罚法》第26条第4项的规定，颍上县公安局对彭某作出的行政拘留10日的处罚事实清楚，证据充分，程序合法，适用法律正确。

◆ **第二十七条　利用封建迷信、会道门进行非法活动的行为及处罚**

有下列行为之一的，处十日以上十五日以下拘留，可以并处一千元以下罚款；情节较轻的，处五日以上十日以下拘留，可以并处五百元以下罚款：

（一）组织、教唆、胁迫、诱骗、煽动他人从事邪教、会道门活动或者利用邪教、会道门、迷信活动，扰乱社会秩序、损害他人身体健康的；

（二）冒用宗教、气功名义进行扰乱社会秩序、损害他人身体健康活动的。

实用问答

组织、利用会道门、邪教组织或者利用迷信破坏国家法律、行政法规实施，以及组织、利用会道门、邪教组织或者利用迷信蒙骗他人，致人重伤、死亡分别构成《刑法》上的什么罪名？要如何处罚？

答：根据《刑法》第300条的规定，组织、利用会道门、邪教组织或者利用迷信破坏国家法律、行政法规实施的，构成组织、利用会道门、邪教组织、利用迷信破坏法律实施罪，处3年以上7年以下有期徒刑，并处罚金；情节特别严重的，处 7 年以上有期徒刑或者无期徒刑，并处罚金或者没收财产；情节较轻的，处 3 年以下有期徒刑、拘役、管制或者剥夺政治权利，并处或者单处罚金。组织、利用会道门、邪教组织或者利用迷信蒙骗他人，致人重伤、死亡的，构成组织、利用会道门、邪教组织、利用迷信致人重伤、死亡罪，依照前述规定处罚。

◆ **第二十八条　干扰无线电业务及无线电台（站）的行为及处罚**

　　违反国家规定，故意干扰无线电业务正常进行的，或者对正常运行的无线电台（站）产生有害干扰，经有关主管部门指出后，拒不采取有效措施消除的，处五日以上十日以下拘留；情节严重的，处十日以上十五日以下拘留。

◆ **第二十九条　侵入、破坏计算机信息系统的行为及处罚**

　　有下列行为之一的，处五日以下拘留；情节较重的，处五日以上十日以下拘留：

　　（一）违反国家规定，侵入计算机信息系统，造成危害的；

　　（二）违反国家规定，对计算机信息系统功能进行删除、修改、增加、干扰，造成计算机信息系统不能正常运行的；

　　（三）违反国家规定，对计算机信息系统中存储、处理、传输的数据和应用程序进行删除、修改、增加的；

　　（四）故意制作、传播计算机病毒等破坏性程序，影响计算机信息系统正常运行的。

> **实用问答**

互联网上网服务营业场所经营单位和上网消费者不得进行哪些危害信息网络安全的活动？

答：根据《互联网上网服务营业场所管理条例》第 15 条的规定，互联网上网服务营业场所经营单位和上网消费者不得进行下列危害信息网络安全的活动：（1）故意制作或者传播计算机病毒以及其他破坏性程序；（2）非法侵入计算机信息系统或者破坏计算机信息系统功能、数据和应用程序；（3）进行法律、行政法规禁止的其他活动。

第二节　妨害公共安全的行为和处罚

◆ **第三十条　对非法制造、买卖、储存、运输、邮寄、携带、使用、提供、处置危险物质行为的处罚**

违反国家规定，制造、买卖、储存、运输、邮寄、携带、使用、提供、处置爆炸性、毒害性、放射性、腐蚀性物质或者传染病病原体等危险物质的，处十日以上十五日以下拘留；情节较轻的，处五日以上十日以下拘留。

◆ **第三十一条　对危险物质被盗、被抢、丢失不报行为的处罚**

爆炸性、毒害性、放射性、腐蚀性物质或者传染病病原体等危险物质被盗、被抢或者丢失，未按规定报告的，处五日以下拘留；故意隐瞒不报的，处五日以上十日以下拘留。

◆ 第三十二条　对非法携带枪支、弹药、管制器具行为的处罚

非法携带枪支、弹药或者弩、匕首等国家规定的管制器具的，处五日以下拘留，可以并处五百元以下罚款；情节较轻的，处警告或者二百元以下罚款。

非法携带枪支、弹药或者弩、匕首等国家规定的管制器具进入公共场所或者公共交通工具的，处五日以上十日以下拘留，可以并处五百元以下罚款。

◆ 第三十三条　对盗窃、损毁公共设施行为的处罚

有下列行为之一的，处十日以上十五日以下拘留：

（一）盗窃、损毁油气管道设施、电力电信设施、广播电视设施、水利防汛工程设施或者水文监测、测量、气象测报、环境监测、地质监测、地震监测等公共设施的；

（二）移动、损毁国家边境的界碑、界桩以及其他边境标志、边境设施或者领土、领海标志设施的；

（三）非法进行影响国（边）界线走向的活动或者修建有碍国（边）境管理的设施的。

◆ 第三十四条　对妨害航空器飞行安全行为的处罚

盗窃、损坏、擅自移动使用中的航空设施，或者强行进入航空器驾驶舱的，处十日以上十五日以下拘留。

在使用中的航空器上使用可能影响导航系统正常功能的器具、工具，不听劝阻的，处五日以下拘留或者五百元以下罚款。

◆ 第三十五条　对妨害铁路运行安全行为的处罚

有下列行为之一的，处五日以上十日以下拘留，可以并处五

百元以下罚款；情节较轻的，处五日以下拘留或者五百元以下罚款：

（一）盗窃、损毁或者擅自移动铁路设施、设备、机车车辆配件或者安全标志的；

（二）在铁路线路上放置障碍物，或者故意向列车投掷物品的；

（三）在铁路线路、桥梁、涵洞处挖掘坑穴、采石取沙的；

（四）在铁路线路上私设道口或者平交过道的。

◆ **第三十六条　对妨害列车行车安全行为的处罚**

擅自进入铁路防护网或者火车来临时在铁路线路上行走坐卧、抢越铁路，影响行车安全的，处警告或者二百元以下罚款。

实用问答

哪些危害铁路安全的行为被禁止实施？

答：根据《铁路安全管理条例》第 77 条的规定，禁止实施下列危害铁路安全的行为：（1）非法拦截列车、阻断铁路运输；（2）扰乱铁路运输指挥调度机构以及车站、列车的正常秩序；（3）在铁路线路上放置、遗弃障碍物；（4）击打列车；（5）擅自移动铁路线路上的机车车辆，或者擅自开启列车车门、违规操纵列车紧急制动设备；（6）拆盗、损毁或者擅自移动铁路设施设备、机车车辆配件、标桩、防护设施和安全标志；（7）在铁路线路上行走、坐卧或者在未设道口、人行过道的铁路线路上通过；（8）擅自进入铁路线路封闭区域或者在未设置行人通道的铁路桥梁、隧道通行；（9）擅自开启、关闭列车的货车阀、盖或者破坏施封状态；（10）擅自开启列车中的集装箱箱门，破坏箱体、阀、盖或者施封状态；（11）擅自松动、拆解、移动列车中的货物装载加固材料、装置和设备；（12）钻车、扒车、跳车；（13）从列车上抛扔杂物；（14）在动车组列车上吸烟或者在其他列车的禁烟区域吸烟；（15）强行登乘或者以拒绝下车等方式强占列车；（16）冲击、堵塞、占用进出站通道或者候车区、站台。

◆ **第三十七条　对妨害公共道路安全行为的处罚**

有下列行为之一的，处五日以下拘留或者五百元以下罚款；情节严重的，处五日以上十日以下拘留，可以并处五百元以下罚款：

（一）未经批准，安装、使用电网的，或者安装、使用电网不符合安全规定的；

（二）在车辆、行人通行的地方施工，对沟井坎穴不设覆盖物、防围和警示标志的，或者故意损毁、移动覆盖物、防围和警示标志的；

（三）盗窃、损毁路面井盖、照明等公共设施的。

◆ **第三十八条　对违规举办大型群众性活动行为的处罚**

举办文化、体育等大型群众性活动，违反有关规定，有发生安全事故危险的，责令停止活动，立即疏散；对组织者处五日以上十日以下拘留，并处二百元以上五百元以下罚款；情节较轻的，处五日以下拘留或者五百元以下罚款。

◆ **第三十九条 对公共场所经营管理人员违反安全规定行为的处罚**

旅馆、饭店、影剧院、娱乐场、运动场、展览馆或者其他供社会公众活动的场所的<u>经营管理人员</u>，违反安全规定，<u>致使该场所有发生安全事故危险</u>，经公安机关责令改正，拒不改正的，处五日以下拘留。

实用问答

1. 依法登记的娱乐场所申请从事娱乐场所经营活动，应当符合哪些条件？

答：根据《娱乐场所管理办法》第7条的规定，依法登记的娱乐场所申请从事娱乐场所经营活动，应当符合以下条件：（1）有与其经营活动相适应的设施设备，提供的文化产品内容应当符合文化产品生产、出版、进口的规定；（2）符合国家治安管理、消防安全、噪声污染防治等相关规定；（3）法律、法规和规章规定的其他条件。

2. 谁是维护娱乐场所经营秩序的第一责任人？

答：《娱乐场所管理办法》第19条规定："娱乐场所法定代表人或者主要负责人是维护本场所经营秩序的第一责任人，是本场所安全生产的第一责任人。"

3. 为保证娱乐经营场所以及该场所人员安全，娱乐经营场所应当如何做？

答：根据《娱乐场所管理条例》第20～22条的规定，娱乐场所的法定代表人或者主要负责人应当对娱乐场所的消防安全和其他安全负责。娱乐场所应当确保其建筑、设施符合国家安全标准和消防技术规范，定期检查消防设施状况，并及时维护、更新。娱乐场所应当制定安全工作方案和应急疏散预案。营业期间，娱乐场所应当保证疏散通道和安全出口畅通，不得封堵、锁闭疏散通道和安全出口，不得在疏散通道和安全出口设置栅栏等影响疏散的障碍物。娱乐场所应当在疏散通道和安全出口设置明显指示标志，不得遮挡、覆盖指示标志。任何人不得非法携带枪支、弹药、管制器具或者携带爆炸性、易燃性、毒害性、放射性、腐蚀性等危险物品和传染病病原体进入娱乐场所。迪斯科舞厅应当配备安全检查设备，对进入营业场所的人员进行安全检查。

第三节　侵犯人身权利、财产权利的行为和处罚

◆ **第四十条　对恐怖表演、强迫劳动、限制人身自由行为的处罚**

有下列行为之一的，处十日以上十五日以下拘留，并处五百元以上一千元以下罚款；情节较轻的，处五日以上十日以下拘留，并处二百元以上五百元以下罚款：

（一）组织、胁迫、诱骗不满十六周岁的人或者残疾人进行恐怖、残忍表演的；

（二）以暴力、威胁或者其他手段强迫他人劳动的；

（三）非法限制他人人身自由、非法侵入他人住宅或者非法搜查他人身体的。

◆ **第四十一条　对胁迫利用他人乞讨和滋扰乞讨行为的处罚**

胁迫、诱骗或者利用他人乞讨的，处十日以上十五日以下拘留，可以并处一千元以下罚款。

反复纠缠、强行讨要或者以其他滋扰他人的方式乞讨的，处五日以下拘留或者警告。

实用问答

行为人构成组织残疾人、儿童乞讨罪的，应当如何处罚？

答：根据《刑法》第262条之一的规定，以暴力、胁迫手段组织残疾人或者不满14周岁的未成年人乞讨的，处3年以下有期徒刑或者拘役，并处罚金；情节严重的，处3年以上7年以下有期徒刑，并处罚金。

◆ **第四十二条　对侵犯人身权利六项行为的处罚**

有下列行为之一的，处五日以下拘留或者五百元以下罚款；情节较重的，处五日以上十日以下拘留，可以并处五百元以下罚款：

（一）写恐吓信或者以其他方法威胁他人人身安全的；

（二）公然侮辱他人或者捏造事实诽谤他人的；

（三）捏造事实诬告陷害他人，企图使他人受到刑事追究或者受到治安管理处罚的；

（四）对证人及其近亲属进行威胁、侮辱、殴打或者打击报复的；

（五）多次发送淫秽、侮辱、恐吓或者其他信息，干扰他人正常生活的；

（六）偷窥、偷拍、窃听、散布他人隐私的。

典型案例

王某合诉濉溪县公安局治安管理处罚案[①]

要旨：本案中，濉溪县公安局一审提交的违法嫌疑人的陈述和申辩、被侵害人的陈述及证人证言等证据，能够证实上诉人王某合对一审第三人张某干等人采用言语进行侮辱的事实。至于王某合所称的濉溪县公安局作出的处罚决定程序违法的情况，通过庭审及查阅相关证据材料，证实濉溪县公安局作出的行政处罚决定，履行了相关的法定程序，不存在程序违法的情况。濉溪县公安局依据《治安管理处罚法》的规定，对王某合作出的濉公（临）行罚决字（2016）149号行政处罚决定，证据确实充分，适用法律正确，符合法定程序。

◆ **第四十三条 对殴打或故意伤害他人身体行为的处罚**

殴打他人的，或者故意伤害他人身体的，处五日以上十日以下拘留，并处二百元以上五百元以下罚款；情节较轻的，处五日以下拘留或者五百元以下罚款。

有下列情形之一的，处十日以上十五日以下拘留，并处五百

[①] 参见安徽省淮北市中级人民法院（2016）皖06行终42号行政判决书。

元以上一千元以下罚款：

（一）结伙殴打、伤害他人的；

（二）殴打、伤害残疾人、孕妇、不满十四周岁的人或者六十周岁以上的人的；

（三）多次殴打、伤害他人或者一次殴打、伤害多人的。

实用问答

依据《治安管理处罚法》第 43 条第 2 款第 2 项的规定对行为人进行处罚时，是否要求行为人主观上明知其殴打、伤害的对象为特定对象？

答：根据《公安机关执行〈中华人民共和国治安管理处罚法〉有关问题的解释（二）》第 7 条的规定，对违反《治安管理处罚法》第 43 条第 2 款第 2 项规定行为的处罚，不要求行为人主观上必须明知殴打、伤害的对象为残疾人、孕妇、不满 14 周岁的人或者 60 周岁以上的人。

典型案例

曹某生等与北京市公安局密云分局不服治安管理处罚案[①]

要旨：本案中，询问笔录、鉴定书、法医临床鉴定事项确认书、现场笔录等在案证据材料能够证明 2019 年 7 月 25 日曹某生在北京市密云区巨各庄镇塘子村内一路边对高某进行殴打，密云分局根据曹

---

① 参见北京市第三中级人民法院（2020）京 03 行终 86 号行政判决书。

某生违法行为的性质，结合高某在案发时已满60周岁且系残疾人等情节，依照《治安管理处罚法》第43条之规定，决定给予曹某生行政拘留10日并处罚款人民币500元的处罚，该处罚认定事实清楚，适用法律正确，处罚幅度适当。

◆ **第四十四条　对猥亵他人和公共场所裸露身体行为的处罚**

猥亵他人的，或者在公共场所故意裸露身体，情节恶劣的，处五日以上十日以下拘留；猥亵智力残疾人、精神病人、不满十四周岁的人或者有其他严重情节的，处十日以上十五日以下拘留。

◆ **第四十五条　对虐待家庭成员、遗弃被扶养人行为的处罚**

有下列行为之一的，处五日以下拘留或者警告：
（一）虐待家庭成员，被虐待人要求处理的；
（二）遗弃没有独立生活能力的被扶养人的。

◆ **第四十六条　对强买强卖、强迫服务行为的处罚**

强买强卖商品，强迫他人提供服务或者强迫他人接受服务的，处五日以上十日以下拘留，并处二百元以上五百元以下罚款；情节较轻的，处五日以下拘留或者五百元以下罚款。

实用问答

对于以暴力、威胁手段强买强卖商品，强迫他人提供服务或者接受服务的案件，有哪些情形时公安机关应予立案追诉？

答：根据《最高人民检察院、公安部关于公安机关管辖的刑事案件立案追诉标准的规定（一）的补充规定》第 5 条的规定，以暴力、威胁手段强买强卖商品，强迫他人提供服务或者接受服务，涉嫌下列情形之一的，应予立案追诉：（1）造成被害人轻微伤的；（2）造成直接经济损失 2000 元以上的；（3）强迫交易 3 次以上或者强迫 3 人以上交易的；（4）强迫交易数额 10000 元以上，或者违法所得数额 2000 元以上的；（5）强迫他人购买伪劣商品数额 5000 元以上，或者违法所得数额 1000 元以上的；（6）其他情节严重的情形。另外，以暴力、威胁手段强迫他人参与或者退出投标、拍卖，强迫他人转让或者收购公司、企业的股份、债券或者其他资产，强迫他人参与或者退出特定的经营活动，具有多次实施、手段恶劣、造成严重后果或者恶劣社会影响等情形之一的，应予立案追诉。

◆ 第四十七条　对煽动民族仇恨、民族歧视行为的处罚

煽动民族仇恨、民族歧视，或者在出版物、计算机信息网络中刊载民族歧视、侮辱内容的，处十日以上十五日以下拘留，可以并处一千元以下罚款。

◆ 第四十八条　对侵犯通信自由行为的处罚

冒领、隐匿、毁弃、私自开拆或者非法检查他人邮件的，处五日以下拘留或者五百元以下罚款。

◆ **第四十九条 对盗窃、诈骗、哄抢、抢夺、敲诈勒索、损毁公私财物行为的处罚**

盗窃、诈骗、哄抢、抢夺、敲诈勒索或者故意损毁公私财物的，处五日以上十日以下拘留，可以并处五百元以下罚款；情节较重的，处十日以上十五日以下拘留，可以并处一千元以下罚款。

第四节 妨害社会管理的行为和处罚

◆ **第五十条 对拒不执行紧急状态决定、命令和阻碍执行公务行为的处罚**

有下列行为之一的，处警告或者二百元以下罚款；情节严重的，处五日以上十日以下拘留，可以并处五百元以下罚款：

（一）拒不执行人民政府在紧急状态情况下依法发布的决定、命令的；

（二）阻碍国家机关工作人员依法执行职务的；

（三）阻碍执行紧急任务的消防车、救护车、工程抢险车、警车等车辆通行的；

（四）强行冲闯公安机关设置的警戒带、警戒区的。

阻碍人民警察依法执行职务的，从重处罚。

实用问答

1. 公安机关及其人民警察履行职责时，可以在哪些场所使用警戒带？

答：根据《公安机关警戒带使用管理办法》第5条的规定，公安机关及其人民警察履行职责时，可以根据现场需要经公安机关现场负责人批准，在下列场所使用警戒带：（1）警卫工作需要；（2）集会、游行、示威活动的场所；（3）治安事件的现场；（4）刑事案件的现场；（5）交通事故或交通管制的现场；（6）灾害事故的现场；（7）爆破或危险品实（试）验的现场；（8）重大的文体、商贸等活动的现场；（9）其他需要使用警戒带的场所。

2. 对于破坏、冲闯警戒带或擅自进入警戒区的行为人，公安机关应当如何处理？

答：根据《公安机关警戒带使用管理办法》第9条的规定，对破坏、冲闯警戒带或擅自进入警戒区的，经警告无效，可以强制带离现场，并可依照《治安管理处罚法》的规定予以处罚。构成犯罪的，依法追究刑事责任。

典型案例

田某林与满洲里市公安局等治安管理处罚案[①]

要旨：原告田某林明知警察在依法执行职务，仍在执法现场阻碍人民警察正常执法并辱骂警察，且其被传唤至派出所后仍不听劝

[①] 参见内蒙古自治区满洲里市人民法院（2016）内0781行初1号行政判决书。

阻，在办案区内与警察撕扯并谩骂警察。根据《治安管理处罚法》第 50 条第 1 款第 2 项和第 2 款的规定，原告田某林阻碍人民警察执行职务的行为应受到行政处罚。被告满洲里市公安局对原告田某林作出的满公（道南）行罚决字（2015）第 403 号行政处罚决定书认定事实清楚，证据确凿，适用法律正确，程序合法。

◆ 第五十一条　对招摇撞骗行为的处罚

冒充国家机关工作人员或者以其他虚假身份招摇撞骗的，处五日以上十日以下拘留，可以并处五百元以下罚款；情节较轻的，处五日以下拘留或者五百元以下罚款。

冒充军警人员招摇撞骗的，从重处罚。

实用问答

国家工作人员除了国家机关工作人员还包括哪些？

答：根据《刑法》第 93 条的规定，国有公司、企业、事业单位、人民团体中从事公务的人员和国家机关、国有公司、企业、事业单位委派到非国有公司、企业、事业单位、社会团体从事公务的人员，以及其他依照法律从事公务的人员，以国家工作人员论。

◆ 第五十二条　对伪造、变造、买卖公文、证件、票证行为的处罚

有下列行为之一的，处十日以上十五日以下拘留，可以并处一千元以下罚款；情节较轻的，处五日以上十日以下拘留，可以并处五百元以下罚款：

（一）伪造、变造或者买卖国家机关、人民团体、企业、事业单位或者其他组织的公文、证件、证明文件、印章的；

（二）买卖或者使用伪造、变造的国家机关、人民团体、企业、事业单位或者其他组织的公文、证件、证明文件的；

（三）伪造、变造、倒卖车票、船票、航空客票、文艺演出票、体育比赛入场券或者其他有价票证、凭证的；

（四）伪造、变造船舶户牌，买卖或者使用伪造、变造的船舶户牌，或者涂改船舶发动机号码的。

名词解释

有价票证 有关国家机关、企业、事业单位依法印制的，具有一定票面价格，能够在一定范围内流通、使用的，能够证明持票人享有的权利，代表一定财产价值的凭证，如车票、船票、航空客票、文艺演出票、体育比赛入场券。

凭证 有关国家机关、企业、事业单位依法印制的，向社会公众发放的，不具有票面价格，但具有一定使用价值的无价票证，如医院的挂号证、售楼号等。

实用问答

1. 伪造、变造、买卖政府设立的临时性机构的公文、证件、印章行为如何适用法律？

答：根据《最高人民检察院法律政策研究室关于伪造、变造、买卖政府设立的临时性机构的公文、证件、印章行为如何适用法律问题的答复》的规定，伪造、变造、买卖各级人民政府设立的行使行政管理权的临时性机构的公文、证件、印章行为，构成犯罪的，应当依照《刑法》第 280 条第 1 款的规定，以伪造、变造、买卖国家机关公文、证件、印章罪追究刑事责任。

2. 对于仿造、变造机动车登记证书、号牌、行驶证、驾驶证尚不够刑事处罚的行为，应如何处理？

答：根据《道路交通安全法》第 96 条的规定，伪造、变造或者使用伪造、变造的机动车登记证书、号牌、行驶证、驾驶证的，由公安机关交通管理部门予以收缴，扣留该机动车，处 15 日以下拘留，并处 2000 元以上 5000 元以下罚款；构成犯罪的，依法追究刑事责任。伪造、变造或者使用伪造、变造的检验合格标志、保险标志的，由公安机关交通管理部门予以收缴，扣留该机动车，处 10 日以下拘留，并处 1000 元以上 3000 元以下罚款；构成犯罪的，依法追究刑事责任。

◆ **第五十三条　对船舶擅进禁、限入水域或岛屿行为的处罚**

船舶擅自进入、停靠国家禁止、限制进入的水域或者岛屿的，对船舶负责人及有关责任人员处五百元以上一千元以下罚款；情节严重的，处五日以下拘留，并处五百元以上一千元以下罚款。

◆ **第五十四条　对违法设立社会团体行为的处罚**

有下列行为之一的，处十日以上十五日以下拘留，并处五百元以上一千元以下罚款；情节较轻的，处五日以下拘留或者五百元以下罚款：

（一）违反国家规定，未经注册登记，以社会团体名义进行活动，被取缔后，仍进行活动的；

（二）被依法撤销登记的社会团体，仍以社会团体名义进行活动的；

（三）未经许可，擅自经营按照国家规定需要由公安机关许可的行业的。

有前款第三项行为的，予以取缔。

取得公安机关许可的经营者，违反国家有关管理规定，情节严重的，公安机关可以吊销许可证。

名词解释

社会团体　公民自愿组成，为实现会员共同意愿，按照其章程开展活动的非营利性社会组织。

实用问答

取缔决定的作出机关是什么？该机关可以采取哪些措施？

答：根据《公安机关执行〈中华人民共和国治安管理处罚法〉有关问题的解释》第6条的规定，取缔应当由违反治安管理行为发生地的县级以上公安机关作出决定，按照《治安管理处罚法》的有关规定采取相应的措施，如责令停止相关经营活动、进入无证经营场所进行检查、扣押与案件有关的需要作为证据的物品等。在取缔的同时，应当依法收缴非法财物、追缴违法所得。

◆ 第五十五条　对非法集会、游行、示威行为的处罚

煽动、策划非法集会、游行、示威，不听劝阻的，处十日以上十五日以下拘留。

名词解释

集会 聚集于露天公共场所，发表意见、表达意愿的活动。

游行 在公共道路、露天公共场所列队行进、表达共同意愿的活动。

示威 在露天公共场所或者公共道路上以集会、游行、静坐等方式，表达要求、抗议或者支持、声援等共同意愿的活动。

实用问答

1. 是否所有的集会、游行、示威活动都需要提出申请？

答：根据《集会游行示威法》第 7 条的规定，举行集会、游行、示威，必须依照该法规定向主管机关提出申请并获得许可。但下列活动不需申请：（1）国家举行或者根据国家决定举行的庆祝、纪念等活动；（2）国家机关、政党、社会团体、企业事业组织依照法律、组织章程举行的集会。

2. 对于扰乱、冲击或者以其他方法破坏依法举行的集会、游行、示威的行为，公安机关可以如何处理？

答：根据《集会游行示威法》第 30 条的规定，扰乱、冲击或者以其他方法破坏依法举行的集会、游行、示威的，公安机关可以处以警告或者 15 日以下拘留；情节严重，构成犯罪的，依照《刑法》有关规定追究刑事责任。

3. 集会、游行、示威的管辖机关如何确定？

答：根据《集会游行示威法实施条例》第 7 条的规定，集会、游行、示威由举行地的市、县公安局、城市公安分局主管。游行、示威路线在同一直辖市、省辖市、自治区辖市或者省、自治区人民政府派出机关所在地区经过两个以上区、县的，由该市公安局或者省、自治区人民政府派出机关的公安处主管；在同一省、自治区行政区域内经过两个以上省辖市、自治区辖市或者省、自治区人民政府派出机关所在地区的，由所在省、自治区公安厅主管；经过两个以上省、自治区、直辖市的，由公安部主管，或者由公安部授权的省、自治区、直辖市公安机关主管。

◆ **第五十六条 对旅馆工作人员违反规定行为的处罚**

旅馆业的工作人员对住宿的旅客不按规定登记姓名、身份证件种类和号码的，或者明知住宿的旅客将危险物质带入旅馆，不予制止的，处二百元以上五百元以下罚款。

旅馆业的工作人员明知住宿的旅客是犯罪嫌疑人员或者被公安机关通缉的人员，不向公安机关报告的，处二百元以上五百元以下罚款；情节严重的，处五日以下拘留，可以并处五百元以下罚款。

实用问答

旅馆业的工作人员如果明知住宿旅客为犯罪嫌疑人而借助旅馆为其提供隐藏处所、财物，为其通风报信的，是否构成窝藏、包庇罪？

答：根据《刑法》第 362 条的规定，旅馆业、饮食服务业、文化娱乐业、出租汽车业等单位的人员，在公安机关查处卖淫、嫖娼活动时，为违法犯罪分子通风报信，情节严重的，依照《刑法》第 310 条的规定定罪处罚。

◆ **第五十七条　对违法出租房屋行为的处罚**

房屋出租人将房屋出租给无身份证件的人居住的，或者不按规定登记承租人姓名、身份证件种类和号码的，处二百元以上五百元以下罚款。

房屋出租人明知承租人利用出租房屋进行犯罪活动，不向公安机关报告的，处二百元以上五百元以下罚款；情节严重的，处五日以下拘留，可以并处五百元以下罚款。

实用问答

房屋出租人有哪些治安责任？

答：根据《租赁房屋治安管理规定》第 7 条的规定，房屋出租人的治安责任包括：（1）不准将房屋出租给无合法有效证件的承租人；（2）与承租人签订租赁合同，承租人是外来暂住人员的，应当带领其到公安派出所申报暂住户口登记，并办理暂住证；（3）对承租人的姓名、性别、年龄、常住户口所在地、职业或者主要经济来源、服务处所等基本情况进行登记并向公安派出所备案；（4）发现承租人有违法犯罪活动或者有违法犯罪嫌疑的，应当及时报告公安机关；（5）对出租的房屋经常进行安全检查，及时发现和排除不安全隐患，保障承租人的居住安全；（6）房屋停止租赁的，应当到公安派出所办理注销手续；（7）房屋出租单位或者个人委托代理人管理出租房屋的，代理人必须遵守有关规定，承担相应责任。

◆ 第五十八条　对制造噪声干扰他人行为的处罚

违反关于社会生活噪声污染防治的法律规定，制造噪声干扰他人正常生活的，处警告；警告后不改正的，处二百元以上五百元以下罚款。

名词解释

社会生活噪声　人为活动产生的除工业噪声、建筑施工噪声和交通运输噪声之外的干扰周围生活环境的声音。

◆ 第五十九条　对违法典当、收购行为的处罚

有下列行为之一的，处五百元以上一千元以下罚款；情节严重的，处五日以上十日以下拘留，并处五百元以上一千元以下罚款：

（一）典当业工作人员承接典当的物品，不查验有关证明、不履行登记手续，或者明知是违法犯罪嫌疑人、赃物，不向公安机关报告的；

（二）违反国家规定，收购铁路、油田、供电、电信、矿山、水利、测量和城市公用设施等废旧专用器材的；

（三）收购公安机关通报寻查的赃物或者有赃物嫌疑的物品的；

（四）收购国家禁止收购的其他物品的。

名词解释

典当　当户将其动产、财产权利作为当物质押或者将其房地产作为当物抵押给典当行，交付一定比例费用，取得当金，并在约定

期限内支付当金利息、偿还当金、赎回当物的行为。

> **实用问答**

1. 典当行不得收当哪些财物？

答：根据《典当管理办法》第 27 条的规定，典当行不得收当下列财物：(1) 依法被查封、扣押或者已经被采取其他保全措施的财产；(2) 赃物和来源不明的物品；(3) 易燃、易爆、剧毒、放射性物品及其容器；(4) 管制刀具、枪支、弹药、军、警用标志、制式服装和器械；(5) 国家机关公文、印章及其管理的财物；(6) 国家机关核发的除物权证书以外的证照及有效身份证件；(7) 当户没有所有权或者未能依法取得处分权的财产；(8) 法律、法规及国家有关规定禁止流通的自然资源或者其他财物。另外，根据《典当管理办法》第 52 条的规定，典当行发现公安机关通报协查的人员或者赃物以及《典当管理办法》第 27 条所列其他财物的，应当立即向公安机关报告有关情况。

2. 典当行经营房地产抵押典当、机动车质押典当等业务时应当注意办理哪些手续？

答：根据《典当管理办法》第 42 条的规定，典当行经营房地产抵押典当业务，应当和当户依法到有关部门先行办理抵押登记，再办理抵押典当手续。典当行经营机动车质押典当业务，应当到车辆管理部门办理质押登记手续。典当行经营其他典当业务，有关法律、法规要求登记的，应当依法办理登记手续。

3. 收购废旧金属的企业和个体工商户发现有出售公安机关通报寻查的赃物或者有赃物嫌疑的物品时应当如何做？此时公安机关应当如何处理？

答：根据《废旧金属收购业治安管理办法》第 10 条的规定，收购废旧金属的企业和个体工商户发现有出售公安机关通报寻查的赃物或者有赃物嫌疑的物品的，应当立即报告公安机关。公安机关对赃物或者有赃物嫌疑的物品应当予以扣留，并开付收据。有赃物嫌疑的物品经查明不是赃物的，应当及时退还；赃物或者有赃物嫌疑的物品经查明确属赃物的，依照国家有关规定处理。

◆ **第六十条　对妨害执法秩序行为的处罚**

有下列行为之一的，处五日以上十日以下拘留，并处二百元以上五百元以下罚款：

（一）隐藏、转移、变卖或者损毁行政执法机关依法扣押、查封、冻结的财物的；

（二）伪造、隐匿、毁灭证据或者提供虚假证言、谎报案情，影响行政执法机关依法办案的；

（三）明知是赃物而窝藏、转移或者代为销售的；

（四）被依法执行管制、剥夺政治权利或者在缓刑、暂予监外执行中的罪犯或者被依法采取刑事强制措施的人，有违反法律、行政法规或者国务院有关部门的监督管理规定的行为。

实用问答

1. 被判处管制的犯罪分子在执行期间应当遵守哪些规定？

答：根据《刑法》第39条的规定，被判处管制的犯罪分子在执行期间应当遵守下列规定：（1）遵守法律、行政法规，服从监督；（2）未经执行机关批准，不得行使言论、出版、集会、结社、游行、示威自由的权利；（3）按照执行机关规定报告自己的活动情况；（4）遵守执行机关关于会客的规定；（5）离开所居住的市、县或者迁居，应当报经执行机关批准。对于被判处管制的犯罪分子，在劳动中应当同工同酬。

2. 被宣告缓刑的犯罪分子应当遵守哪些规定？

答：根据《刑法》第 75 条的规定，被宣告缓刑的犯罪分子，应当遵守下列规定：（1）遵守法律、行政法规，服从监督；（2）按照考察机关的规定报告自己的活动情况；（3）遵守考察机关关于会客的规定；（4）离开所居住的市、县或者迁居，应当报经考察机关批准。

◆ 第六十一条　对协助组织、运送他人偷越国（边）境行为的处罚

协助组织或者运送他人偷越国（边）境的，处十日以上十五日以下拘留，并处一千元以上五千元以下罚款。

◆ 第六十二条　对偷越国（边）境行为的处罚

为偷越国（边）境人员提供条件的，处五日以上十日以下拘留，并处五百元以上二千元以下罚款。

偷越国（边）境的，处五日以下拘留或者五百元以下罚款。

实用问答

哪些行为应当认定为《刑法》分则第 6 章第 3 节规定的"偷越国（边）境"行为？

答：根据《最高人民法院、最高人民检察院关于办理妨害国（边）境管理刑事案件应用法律若干问题的解释》第 6 条的规定，具有下列情形之一的，应当认定为《刑法》分则第 6 章第 3 节规定的"偷越国（边）境"行为：（1）没有出入境证件出入国（边）境或

者逃避接受边防检查的；（2）使用伪造、变造、无效的出入境证件出入国（边）境的；（3）使用他人出入境证件出入国（边）境的；（4）使用以虚假的出入境事由、隐瞒真实身份、冒用他人身份证件等方式骗取的出入境证件出入国（边）境的；（5）采用其他方式非法出入国（边）境的。

◆ **第六十三条　对妨害文物管理行为的处罚**

有下列行为之一的，处警告或者二百元以下罚款；情节较重的，处五日以上十日以下拘留，并处二百元以上五百元以下罚款：

（一）刻划、涂污或者以其他方式故意损坏国家保护的文物、名胜古迹的；

（二）违反国家规定，在文物保护单位附近进行爆破、挖掘等活动，危及文物安全的。

实用问答

1. 在中华人民共和国境内，哪些文物受国家保护？

答：根据《文物保护法》第 2 条的规定，在中华人民共和国境内，下列文物受国家保护：（1）具有历史、艺术、科学价值的古文化遗址、古墓葬、古建筑、石窟寺和石刻、壁画；（2）与重大历史事件、革命运动或者著名人物有关的以及具有重要纪念意义、教育意义或者史料价值的近代现代重要史迹、实物、代表性建筑；（3）历史上各时代珍贵的艺术品、工艺美术品；（4）历史上各时代重要的文献资料以及具有历史、艺术、科学价值的手稿和图书资料等；（5）反映历史上各时代、各民族社会制度、社会生产、社会生活的代表性实物。

2. 在文物保护单位的保护范围内是否一律不得进行其他建设工程或者爆破、钻探、挖掘等作业？

答：根据《文物保护法》第 17 条的规定，文物保护单位的保护范围内不得进行其他建设工程或者爆破、钻探、挖掘等作业。但是，因特殊情况需要在文物保护单位的保护范围内进行其他建设工程或者爆破、钻探、挖掘等作业的，必须保证文物保护单位的安全，并经核定公布该文物保护单位的人民政府批准，在批准前应当征得上一级人民政府文物行政部门同意；在全国重点文物保护单位的保护范围内进行其他建设工程或者爆破、钻探、挖掘等作业的，必须经省、自治区、直辖市人民政府批准，在批准前应当征得国务院文物行政部门同意。

◆ **第六十四条　对非法驾驶交通工具行为的处罚**

有下列行为之一的，处五百元以上一千元以下罚款；情节严重的，处十日以上十五日以下拘留，并处五百元以上一千元以下罚款：

（一）偷开他人机动车的；
（二）未取得驾驶证驾驶或者偷开他人航空器、机动船舶的。

◆ **第六十五条　对破坏他人坟墓、尸体和乱停放尸体行为的处罚**

有下列行为之一的，处五日以上十日以下拘留；情节严重的，处十日以上十五日以下拘留，可以并处一千元以下罚款：

（一）故意破坏、污损他人坟墓或者毁坏、丢弃他人尸骨、骨灰的；
（二）在公共场所停放尸体或者因停放尸体影响他人正常生活、工作秩序，不听劝阻的。

◆ 第六十六条 对卖淫、嫖娼行为的处罚

卖淫、嫖娼的，处十日以上十五日以下拘留，可以并处五千元以下罚款；情节较轻的，处五日以下拘留或者五百元以下罚款。

在公共场所拉客招嫖的，处五日以下拘留或者五百元以下罚款。

◆ 第六十七条 对引诱、容留、介绍卖淫的处罚

引诱、容留、介绍他人卖淫的，处十日以上十五日以下拘留，可以并处五千元以下罚款；情节较轻的，处五日以下拘留或者五百元以下罚款。

实用问答

引诱、容留、介绍他人卖淫，涉嫌什么情形时应予刑事立案追诉？

答：根据《最高人民检察院、公安部关于公安机关管辖的刑事案件立案追诉标准的规定（一）》第78条的规定，引诱、容留、介绍他人卖淫，涉嫌下列情形之一的，应予立案追诉：（1）引诱、容留、介绍2人次以上卖淫的；（2）引诱、容留、介绍已满14周岁未满18周岁的未成年人卖淫的；（3）被引诱、容留、介绍卖淫的人患有艾滋病或者患有梅毒、淋病等严重性病；（4）其他引诱、容留、介绍卖淫应予追究刑事责任的情形。

◆ **第六十八条 对传播淫秽信息行为的处罚**

制作、运输、复制、出售、出租淫秽的书刊、图片、影片、音像制品等淫秽物品或者利用计算机信息网络、电话以及其他通讯工具传播淫秽信息的，处十日以上十五日以下拘留，可以并处三千元以下罚款；情节较轻的，处五日以下拘留或者五百元以下罚款。

名词解释

淫秽物品 具体描绘性行为或者露骨宣扬色情的诲淫性的书刊、影片、录像带、录音带、图片及其他淫秽物品。

◆ **第六十九条 对组织、参与淫秽活动行为的处罚**

有下列行为之一的，处十日以上十五日以下拘留，并处五百元以上一千元以下罚款：
（一）组织播放淫秽音像的；
（二）组织或者进行淫秽表演的；
（三）参与聚众淫乱活动的。
明知他人从事前款活动，为其提供条件的，依照前款的规定处罚。

实用问答

1. 组织播放淫秽的电影、录像等音像制品，涉嫌哪些情形时应予刑事立案追诉？

答：根据《最高人民检察院、公安部关于公安机关管辖的刑事案件立案追诉标准的规定（一）》第85条的规定，组织播放淫秽的电影、录像等音像制品，涉嫌下列情形之一的，应予立案追诉：（1）组织播放15~30场次以上的；（2）造成恶劣社会影响的。

2. 以策划、招募、强迫、雇用、引诱、提供场地、提供资金等手段，组织进行淫秽表演，涉嫌哪些情形时应予刑事立案追诉？

答：根据《最高人民检察院、公安部关于公安机关管辖的刑事案件立案追诉标准的规定（一）》第86条的规定，以策划、招募、强迫、雇用、引诱、提供场地、提供资金等手段，组织进行淫秽表演，涉嫌下列情形之一的，应予立案追诉：（1）组织表演者进行裸体表演的；（2）组织表演者利用性器官进行猥淫性表演的；（3）组织表演者半裸体或者变相裸体表演并通过语言、动作具体描绘性行为的；（4）其他组织进行淫秽表演应予追究刑事责任的情形。

◆ **第七十条 对赌博行为的处罚**

以营利为目的，为赌博提供条件的，或者参与赌博赌资较大的，处五日以下拘留或者五百元以下罚款；情节严重的，处十日以上十五日以下拘留，并处五百元以上三千元以下罚款。

实用问答

1. 以营利为目的，为赌博提供条件的行为有哪些？

答：根据《公安部关于办理赌博违法案件适用法律若干问题的通知》第1条的规定，以营利为目的，为赌博提供条件的行为包括：（1）采取不报经国家批准，擅自发行、销售彩票的方式，为赌博提供条件的行为；（2）明知他人实施赌博违法犯罪活动，而为其提供资金、场所、交通工具、通讯工具、赌博工具、经营管理、网络接入、服务器托管、网络存储空间、通讯传输通道、费用结算等条件，或者为赌博场所、赌博人员充当保镖，为赌博放哨、通风报信的行为；（3）明知他人从事赌博活动而向其销售具有赌博功能的游戏机的行为。

2. 赌博或者为赌博提供条件，同时具有什么情形时，可以从轻或者免予处罚？

答：根据《公安部关于办理赌博违法案件适用法律若干问题的通知》第4条的规定，赌博或者为赌博提供条件，并具有下列情形之一的，依照《治安管理处罚法》第70条的规定，可以从轻或者免予处罚：（1）主动交代，表示悔改的；（2）检举、揭发他人赌博或为赌博提供条件的行为，并经查证属实的；（3）被胁迫、诱骗赌博或者为赌博提供条件的；（4）未成年人赌博的；（5）协助查禁赌博活动，有立功表现的；（6）其他可以依法从轻或者免予处罚的情形。对免予处罚的，由公安机关给予批评教育，并责令具结悔过。未成年人有赌博违法行为的，应当责令其父母或者其他监护人严加管教。

3. 赌博赌资如何确定？

答：根据《公安部关于办理赌博违法案件适用法律若干问题的通知》第6条的规定，赌博现场没有赌资，而是以筹码或者事先约定事后交割等方式代替的，赌资数额经调查属实后予以认定。个人投注的财物数额无法确定时，按照参赌财物的价值总额除以参赌人数的平均值计算。通过计算机网络实施赌博活动的赌资数额，可以按照在计算机网络上投注或者赢取的总点数乘以每个点数实际代表的金额认定。赌博的次数，可以按照在计算机网络上投注的总次数认定。

4. 对于打麻将、玩扑克等娱乐活动是否都要进行处罚？

答：根据《公安部关于办理赌博违法案件适用法律若干问题的

通知》第 9 条的规定，不以营利为目的，亲属之间进行带有财物输赢的打麻将、玩扑克等娱乐活动，不予处罚；亲属之外的其他人之间进行带有少量财物输赢的打麻将、玩扑克等娱乐活动，不予处罚。

◆ **第七十一条　对涉及毒品原植物行为的处罚**

有下列行为之一的，处十日以上十五日以下拘留，可以并处三千元以下罚款；情节较轻的，处五日以下拘留或者五百元以下罚款：

（一）非法种植罂粟不满五百株或者其他少量毒品原植物的；

（二）非法买卖、运输、携带、持有少量未经灭活的罂粟等毒品原植物种子或者幼苗的；

（三）非法运输、买卖、储存、使用少量罂粟壳的。

有前款第一项行为，在成熟前自行铲除的，不予处罚。

◆ **第七十二条　对毒品违法行为的处罚**

有下列行为之一的，处十日以上十五日以下拘留，可以并处二千元以下罚款；情节较轻的，处五日以下拘留或者五百元以下罚款：

（一）非法持有鸦片不满二百克、海洛因或者甲基苯丙胺不满十克或者其他少量毒品的；

（二）向他人提供毒品的；

（三）吸食、注射毒品的；

（四）胁迫、欺骗医务人员开具麻醉药品、精神药品的。

> 实用问答

行为人实施哪些与毒品有关的行为构成犯罪的，依法追究其刑事责任，尚不构成犯罪的，依法给予其治安管理处罚？

答：根据《禁毒法》第59条和第60条的规定，有下列行为之一，构成犯罪的，依法追究刑事责任；尚不构成犯罪的，依法给予治安管理处罚：（1）走私、贩卖、运输、制造毒品的；（2）非法持有毒品的；（3）非法种植毒品原植物的；（4）非法买卖、运输、携带、持有未经灭活的毒品原植物种子或者幼苗的；（5）非法传授麻醉药品、精神药品或者易制毒化学品制造方法的；（6）强迫、引诱、教唆、欺骗他人吸食、注射毒品的；（7）向他人提供毒品的；（8）包庇走私、贩卖、运输、制造毒品的犯罪分子，以及为犯罪分子窝藏、转移、隐瞒毒品或者犯罪所得财物的；（9）在公安机关查处毒品违法犯罪活动时为违法犯罪行为人通风报信的；（10）阻碍依法进行毒品检查的；（11）隐藏、转移、变卖或者损毁司法机关、行政执法机关依法扣押、查封、冻结的涉及毒品违法犯罪活动的财物的。

◆ **第七十三条 对教唆、引诱、欺骗他人吸食、注射毒品行为的处罚**

教唆、引诱、欺骗他人吸食、注射毒品的，处十日以上十五日以下拘留，并处五百元以上二千元以下罚款。

◆ **第七十四条 对旅馆业、饮食服务业、文化娱乐业、出租汽车业等服务行业的人员通风报信行为的处罚**

旅馆业、饮食服务业、文化娱乐业、出租汽车业等单位的人员，在公安机关查处吸毒、赌博、卖淫、嫖娼活动时，为违法犯罪行为人通风报信的，处十日以上十五日以下拘留。

◆ **第七十五条　对饲养动物干扰正常生活、放任动物恐吓他人的行为的处罚**

饲养动物，干扰他人正常生活的，处警告；警告后不改正的，或者放任动物恐吓他人的，处二百元以上五百元以下罚款。

驱使动物伤害他人的，依照本法第四十三条第一款的规定处罚。

◆ **第七十六条　对屡教不改行为的处罚**

有本法第六十七条、第六十八条、第七十条的行为，屡教不改的，可以按照国家规定采取强制性教育措施。

第四章 处罚程序

第一节 调查

◆ **第七十七条 公安机关受理治安案件须登记**

公安机关对报案、控告、举报或者违反治安管理行为人主动投案,以及其他行政主管部门、司法机关移送的违反治安管理案件,应当及时受理,并进行登记。

实用问答

1. 对于报案、控告、举报、群众扭送或者违法嫌疑人投案的情况,公安机关应当如何处理?

答: 根据《公安机关办理行政案件程序规定》第 61 条的规定,公安机关应当对报案、控告、举报、群众扭送或者违法嫌疑人投案分别作出下列处理,并将处理情况在接报案登记中注明:(1)对属于本单位管辖范围内的案件,应当立即调查处理,制作受案登记表和受案回执,并将受案回执交报案人、控告人、举报人、扭送人;(2)对属于公安机关职责范围,但不属于本单位管辖的,应当在 24 小时内移送有管辖权的单位处理,并告知报案人、控告人、举报人、扭送人、投案人;(3)对不属于公安机关职责范围的事项,在接报案时能够当场判断的,应当立即口头告知报案人、控告人、举报人、扭送人、投案人向其他主管机关报案或者投案，报案人、控告人、举报人、扭送人、投案人对口头告知内容有异议或者不能当场判断的，应当书面告知，但因没有联系方式、身份不明等客观原因无法书面告知的除外。另外，公安机关在日常执法执勤中发现的违法行为，适用上述规定。

2. 哪些案件公安机关移送前应当依法先行处置？公安机关应当如何先行处置？

答：根据《公安机关办理行政案件程序规定》第62条的规定，属于公安机关职责范围但不属于本单位管辖的案件，具有下列情形之一的，受理案件或者发现案件的公安机关及其人民警察应当依法先行采取必要的强制措施或者其他处置措施，再移送有管辖权的单位处理：（1）违法嫌疑人正在实施危害行为的；（2）正在实施违法行为或者违法后即时被发现的现行犯被扭送至公安机关的；（3）在逃的违法嫌疑人已被抓获或者被发现的；（4）有人员伤亡，需要立即采取救治措施的；（5）其他应当采取紧急措施的情形。行政案件移送管辖的，询问查证时间和扣押等措施的期限重新计算。

3. 报案人不愿意公开自己的姓名和报案行为时，公安机关应当如何处理？

答：根据《公安机关办理行政案件程序规定》第63条的规定，报案人不愿意公开自己的姓名和报案行为的，公安机关应当在受案登记时注明，并为其保密。

4. 对于报案人、控告人、举报人、扭送人、投案人提供的有关证据材料、物品等，公安机关应当如何处理？

答：根据《公安机关办理行政案件程序规定》第64条的规定，对报案人、控告人、举报人、扭送人、投案人提供的有关证据材料、物品等应当登记，出具接受证据清单，并妥善保管。必要时，应当拍照、录音、录像。移送案件时，应当将有关证据材料和物品一并移交。

◆ **第七十八条　公安机关受理治安案件后的处理**

公安机关受理报案、控告、举报、投案后，认为属于违反治安管理行为的，应当立即进行调查；认为不属于违反治安管理行为的，应当告知报案人、控告人、举报人、投案人，并说明理由。

实用问答

1. 公安机关快速办理行政案件收集的证据能否作为定案根据？

答：根据《公安机关办理行政案件程序规定》第48条的规定，公安机关快速办理行政案件时，发现不适宜快速办理的，转为一般案件办理。快速办理阶段依法收集的证据，可以作为定案的根据。

2. 公安机关办理行政案件时需要调查哪些案件事实？

答：根据《公安机关办理行政案件程序规定》第50条的规定，公安机关需要调查的案件事实包括：（1）违法嫌疑人的基本情况；（2）违法行为是否存在；（3）违法行为是否为违法嫌疑人实施；（4）实施违法行为的时间、地点、手段、后果以及其他情节；（5）违法嫌疑人有无法定从重、从轻、减轻以及不予行政处罚的情形；（6）与案件有关的其他事实。

◆ **第七十九条　严禁非法取证**

公安机关及其人民警察对治安案件的调查，应当依法进行。严禁刑讯逼供或者采用威胁、引诱、欺骗等非法手段收集证据。

以非法手段收集的证据不得作为处罚的根据。

📄 **实用问答**

公安机关办理行政案件应当如何取证？

答：根据《公安机关办理行政案件程序规定》第 27 条的规定，公安机关必须依照法定程序，收集能够证实违法嫌疑人是否违法、违法情节轻重的证据。严禁刑讯逼供和以威胁、欺骗等非法方法收集证据。采用刑讯逼供等非法方法收集的违法嫌疑人的陈述和申辩以及采用暴力、威胁等非法方法收集的被侵害人陈述、其他证人证言，不能作为定案的根据。收集物证、书证不符合法定程序，可能严重影响执法公正的，应当予以补正或者作出合理解释；不能补正或者作出合理解释的，不能作为定案的根据。

◆ 第八十条　公安机关的保密义务

公安机关及其人民警察在办理治安案件时，对涉及的国家秘密、商业秘密或者个人隐私，应当予以保密。

✏️ **名词解释**

国家秘密　关系国家安全和利益，依照法定程序确定，在一定时间内只限一定范围的人员知悉的事项。

◆ 第八十一条　人民警察在办理治安案件过程中哪些情况下应当回避

人民警察在办理治安案件过程中，遇有下列情形之一的，应当回避；违反治安管理行为人、被侵害人或者其法定代理人也有权要求他们回避：

（一）是本案当事人或者当事人的近亲属的；
（二）本人或者其近亲属与本案有利害关系的；
（三）与本案当事人有其他关系，可能影响案件公正处理的。
人民警察的回避，由其所属的公安机关决定；公安机关负责人的回避，由上一级公安机关决定。

实用问答

1. 办案人民警察和公安机关负责人的回避由谁决定？

答：根据《公安机关办理行政案件程序规定》第19条的规定，办案人民警察的回避，由其所属的公安机关决定；公安机关负责人的回避，由上一级公安机关决定。

2. 公安机关是否可以指令回避？

答：根据《公安机关办理行政案件程序规定》第22条的规定，公安机关负责人、办案人民警察具有应当回避的情形之一，本人没有申请回避，当事人及其法定代理人也没有申请其回避的，有权决定其回避的公安机关可以指令其回避。

3. 在行政案件调查过程中，鉴定人和翻译人员如何回避？

答：根据《公安机关办理行政案件程序规定》第23条的规定，在行政案件调查过程中，鉴定人和翻译人员需要回避的，适用该规定第3章的规定。鉴定人、翻译人员的回避，由指派或者聘请的公安机关决定。

4. 回避对象在回避决定作出前后是否继续参与案件的处理？

答：根据《公安机关办理行政案件程序规定》第24条的规定，在公安机关作出回避决定前，办案人民警察不得停止对行政案件的调查。作出回避决定后，公安机关负责人、办案人民警察不得再参与该行政案件的调查和审核、审批工作。

5. 被决定回避的公安机关负责人、办案人民警察、鉴定人和翻译人员，在回避决定作出前所进行的与案件有关的活动是否有效如何决定？

答：根据《公安机关办理行政案件程序规定》第 25 条的规定，被决定回避的公安机关负责人、办案人民警察、鉴定人和翻译人员，在回避决定作出前所进行的与案件有关的活动是否有效，由作出回避决定的公安机关根据是否影响案件依法公正处理等情况决定。

◆ **第八十二条　传唤的使用条件和批准权限**

需要传唤违反治安管理行为人接受调查的，经公安机关办案部门负责人批准，使用传唤证传唤。对现场发现的违反治安管理行为人，人民警察经出示工作证件，可以口头传唤，但应当在询问笔录中注明。

公安机关应当将传唤的原因和依据告知被传唤人。对无正当理由不接受传唤或者逃避传唤的人，可以强制传唤。

实用问答

1. 公安机关可以在哪里询问违法嫌疑人？

答：根据《公安机关办理行政案件程序规定》第 66 条的规定，询问违法嫌疑人，可以到违法嫌疑人住处或者单位进行，也可以将违法嫌疑人传唤到其所在市、县内的指定地点进行。

2. 强制传唤是否需要审批？

答：根据《公安机关办理行政案件程序规定》第 67 条的规定，

对无正当理由不接受传唤或者逃避传唤的违反治安管理、出境入境管理的嫌疑人以及法律规定可以强制传唤的其他违法嫌疑人，经公安派出所、县级以上公安机关办案部门或者出入境边防检查机关负责人批准，可以强制传唤。强制传唤时，可以依法使用手铐、警绳等约束性警械。

3. 使用传唤证传唤时，传唤证上的到案时间和离开时间如何填写？

答：根据《公安机关办理行政案件程序规定》第 68 条的规定，使用传唤证传唤的，违法嫌疑人被传唤到案后和询问查证结束后，应当由其在传唤证上填写到案和离开时间并签名。拒绝填写或者签名的，办案人民警察应当在传唤证上注明。

> ◆ **第八十三条　传唤后的询问期限与通知义务**
>
> 　　对违反治安管理行为人，公安机关传唤后应当及时询问查证，询问查证的时间不得超过八小时；情况复杂，依照本法规定可能适用行政拘留处罚的，询问查证的时间不得超过二十四小时。
> 　　公安机关应当及时将传唤的原因和处所通知被传唤人家属。

实用问答

1.《治安管理处罚法》第 83 条第 1 款中的"依照本法规定可能适用行政拘留处罚"如何理解？

答：根据《公安机关执行〈中华人民共和国治安管理处罚法〉有关问题的解释》第 8 条的规定，"依照本法规定可能适用行政拘留处罚"，是指《治安管理处罚法》第 3 章对行为人实施的违反治安管理行为设定了行政拘留处罚，且根据其行为的性质和情节轻重，可能依法对违反治安管理行为人决定予以行政拘留的案件。

2. 公安机关办理传唤证和审批询问查证时间是否可以一并进行？

答：根据《公安机关执行〈中华人民共和国治安管理处罚法〉有关问题的解释》第 8 条的规定，公安机关或者办案部门负责人在审批书面传唤时，可以一并审批询问查证时间。对经过询问查证，属于"情况复杂"，且"依照本法规定可能适用行政拘留处罚"的案件，需要对违反治安管理行为人适用超过 8 小时询问查证时间的，需口头或者书面报经公安机关或者其办案部门负责人批准。对口头报批的，办案民警应当记录在案。

◆ **第八十四条　询问笔录的制作以及不满十六周岁的违反治安管理行为人的监护人到场制度**

询问笔录应当交被询问人核对；对没有阅读能力的，应当向其宣读。记载有遗漏或者差错的，被询问人可以提出补充或者更正。被询问人确认笔录无误后，应当签名或者盖章，询问的人民警察也应当在笔录上签名。

被询问人要求就被询问事项自行提供书面材料的，应当准许；必要时，人民警察也可以要求被询问人自行书写。

询问不满十六周岁的违反治安管理行为人，应当通知其父母或者其他监护人到场。

实用问答

公安机关询问未成年人时可以通知哪些适当成年人在场？

答：根据《公安机关办理行政案件程序规定》第 75 条的规定，

询问未成年人时，应当通知其父母或者其他监护人到场，其父母或者其他监护人不能到场的，也可以通知未成年人的其他成年亲属，所在学校、单位、居住地基层组织或者未成年人保护组织的代表到场，并将有关情况记录在案。确实无法通知或者通知后未到场的，应当在询问笔录中注明。

> ◆ **第八十五条　询问地点、方式及应当遵守的程序**
>
> 　　人民警察询问被侵害人或者其他证人，可以到其所在单位或者住处进行；必要时，也可以通知其到公安机关提供证言。
> 　　人民警察在公安机关以外询问被侵害人或者其他证人，应当出示工作证件。
> 　　询问被侵害人或者其他证人，同时适用本法第八十四条的规定。

> ◆ **第八十六条　询问聋哑人以及不通晓当地通用语言文字的被询问人时提供语言帮助**
>
> 　　询问聋哑的违反治安管理行为人、被侵害人或者其他证人，应当有通晓手语的人提供帮助，并在笔录上注明。
> 　　询问不通晓当地通用的语言文字的违反治安管理行为人、被侵害人或者其他证人，应当配备翻译人员，并在笔录上注明。

实用问答

　　公安机关办理行政案件过程中，询问聋哑人或者不通晓当地通用语言文字的被询问人时提供了语言帮助的，应当在笔录上注明哪些内容？

　　答：根据《公安机关办理行政案件程序规定》第 76 条的规定，

询问聋哑人，应当有通晓手语的人提供帮助，并在询问笔录中注明被询问人的聋哑情况以及翻译人员的姓名、住址、工作单位和联系方式。对不通晓当地通用的语言文字的被询问人，应当为其配备翻译人员，并在询问笔录中注明翻译人员的姓名、住址、工作单位和联系方式。

◆ **第八十七条　公安机关在办理治安案件中进行检查应当遵守的程序规则**

公安机关对与违反治安管理行为有关的场所、物品、人身可以进行检查。检查时，人民警察不得少于二人，并应当出示工作证件和县级以上人民政府公安机关开具的检查证明文件。对确有必要立即进行检查的，人民警察经出示工作证件，可以当场检查，但检查公民住所应当出示县级以上人民政府公安机关开具的检查证明文件。

检查妇女的身体，应当由女性工作人员进行。

实用问答

1. 公安机关如何对查获或者到案的违法嫌疑人进行安全检查？

答：根据《公安机关办理行政案件程序规定》第 53 条的规定，对查获或者到案的违法嫌疑人应当进行安全检查，发现违禁品或者管制器具、武器、易燃易爆等危险品以及与案件有关的需要作为证据的物品的，应当立即扣押；对违法嫌疑人随身携带的与案件无关的物品，应当按照有关规定予以登记、保管、退还。安全检查不需要开具检查证。

2. 公安机关进行人身检查时应当注意哪些问题？

答：根据《公安机关办理行政案件程序规定》第 84 条的规定，

对违法嫌疑人进行检查时，应当尊重被检查人的人格尊严，不得以有损人格尊严的方式进行检查。检查妇女的身体，应当由女性工作人员进行。依法对卖淫、嫖娼人员进行性病检查，应当由医生进行。

◆ **第八十八条　检查笔录的制作及签名**

检查的情况应当制作检查笔录，由检查人、被检查人和见证人签名或者盖章；被检查人拒绝签名的，人民警察应当在笔录上注明。

实用问答

公安机关在办理行政案件过程中进行检查时的全程录音录像是否可以替代书面检查笔录？

答：根据《公安机关办理行政案件程序规定》第86条的规定，检查时的全程录音录像可以替代书面检查笔录，但应当对视听资料的关键内容和相应时间段等作文字说明。

◆ **第八十九条　公安机关办理治安案件时如何扣押物品以及如何处理扣押物品**

公安机关办理治安案件，对与案件有关的需要作为证据的物品，可以扣押；对被侵害人或者善意第三人合法占有的财产，不得扣押，应当予以登记。对与案件无关的物品，不得扣押。

对扣押的物品，应当会同在场见证人和被扣押物品持有人查点清楚，当场开列清单一式二份，由调查人员、见证人和持有人签名或者盖章，一份交给持有人，另一份附卷备查。

对扣押的物品，应当妥善保管，不得挪作他用；对不宜长期保存的物品，按照有关规定处理。经查明与案件无关的，应当及时退还；经核实属于他人合法财产的，应当登记后立即退还；满六个月无人对该财产主张权利或者无法查清权利人的，应当公开拍卖或者按照国家有关规定处理，所得款项上缴国库。

实用问答

公安机关办理行政案件时扣押物品的时间限制是多久？

答：根据《公安机关办理行政案件程序规定》第 112 条的规定，扣押、扣留、查封期限为 30 日，情况复杂的，经县级以上公安机关负责人批准，可以延长 30 日；法律、行政法规另有规定的除外。延长扣押、扣留、查封期限的，应当及时书面告知当事人，并说明理由。对物品需要进行鉴定的，鉴定期间不计入扣押、扣留、查封期间，但应当将鉴定的期间书面告知当事人。

◆ **第九十条　公安机关查处治安管理案件时如何进行鉴定**

为了查明案情，需要解决案件中有争议的专门性问题的，应当指派或者聘请具有专门知识的人员进行鉴定；鉴定人鉴定后，应当写出鉴定意见，并且签名。

实用问答

1. 公安机关办理行政案件时需要聘请本公安机关以外的人进行鉴定的，应当如何处理？

答：根据《公安机关办理行政案件程序规定》第 87 条的规定，需要聘请本公安机关以外的人进行鉴定的，应当经公安机关办案部门负责人批准后，制作鉴定聘请书。

2. 公安机关应当如何为鉴定提供条件？

答：根据《公安机关办理行政案件程序规定》第 88 条的规定，公安机关应当为鉴定提供必要的条件，及时送交有关检材和比对样本等原始材料，介绍与鉴定有关的情况，并且明确提出要求鉴定解决的问题。办案人民警察应当做好检材的保管和送检工作，并注明检材送检环节的责任人，确保检材在流转环节中的同一性和不被污染。禁止强迫或者暗示鉴定人作出某种鉴定意见。

3. 对于人身伤害案件，具有哪些情形时公安机关应当进行伤情鉴定？

答：根据《公安机关办理行政案件程序规定》第 90 条的规定，人身伤害案件具有下列情形之一的，公安机关应当进行伤情鉴定：（1）受伤程度较重，可能构成轻伤以上伤害程度的；（2）被侵害人要求作伤情鉴定的；（3）违法嫌疑人、被侵害人对伤害程度有争议的。

第二节 决 定

◆ **第九十一条 治安管理处罚的决定机关**

治安管理处罚由县级以上人民政府公安机关决定；其中警告、五百元以下的罚款可以由公安派出所决定。

实用问答

1. 铁路、交通、民航、森林公安机关和海关侦查走私犯罪公安机构对哪些案件有治安管理处罚权？

答：根据《公安机关执行〈中华人民共和国治安管理处罚法〉有关问题的解释》第 10 条的规定，铁路、交通、民航、森林公安机关依法负责其管辖范围内的治安管理工作，《海关行政处罚实施条例》第 6 条赋予了海关侦查走私犯罪公安机构对阻碍海关缉私警察依法执行职务的治安案件的查处权。为有效维护社会治安，县级以上铁路、交通、民航、森林公安机关对其管辖的治安案件，可以依法作出治安管理处罚决定，铁路、交通、民航、森林公安派出所可以作出警告、500 元以下罚款的治安管理处罚决定；海关系统相当于县级以上公安机关的侦查走私犯罪公安机构可以依法查处阻碍缉私警察依法执行职务的治安案件，并依法作出治安管理处罚决定。

2. 公安派出所就其没有处罚权的治安案件，在调查后认为违法事实不成立的，能否直接以公安派出所的名义作出不予处罚的决定？

答：根据《最高人民法院关于公安派出所就其没有处罚权的治安案件在调查后认为违法事实不成立的能否直接以公安派出所的名义作出不予处罚决定问题的答复》的规定，公安派出所对于在其法定授权范围内的治安案件，有权作出处罚决定或者不予处罚决定。

◆ **第九十二条 限制人身自由的时间折抵行政拘留**

对决定给予行政拘留处罚的人，在处罚前已经采取强制措施限制人身自由的时间，应当折抵。限制人身自由一日，折抵行政拘留一日。

实用问答

1.《治安管理处罚法》第 92 条中的"强制措施限制人身自由的时间"如何理解?

答:根据《公安机关执行〈中华人民共和国治安管理处罚法〉有关问题的解释》第 11 条的规定,《治安管理处罚法》第 92 条中的"强制措施限制人身自由的时间",包括被行政拘留人在被行政拘留前因同一行为被依法刑事拘留、逮捕时间。如果被行政拘留人被刑事拘留、逮捕的时间已超过被行政拘留的时间的,则行政拘留不再执行,但办案部门必须将《治安管理处罚决定书》送达被处罚人。

2. 对给予行政拘留处罚的人进行行政拘留折抵,发现其被采取强制措施限制人身自由的时间超过决定的行政拘留期限时,应当如何处理?

答:根据《公安机关办理行政案件程序规定》第 163 条第 2 款的规定,被采取强制措施限制人身自由的时间超过决定的行政拘留期限的,行政拘留决定不再执行。

◆ **第九十三条　治安管理处罚案件中当事人陈述与其他相关证据的关系**

公安机关查处治安案件,对没有本人陈述,但其他证据能够证明案件事实的,可以作出治安管理处罚决定。但是,只有本人陈述,没有其他证据证明的,不能作出治安管理处罚决定。

◆ **第九十四条　在治安管理处罚中公安机关的告知义务，以及当事人的陈述权和申辩权**

公安机关作出治安管理处罚决定前，应当告知违反治安管理行为人作出治安管理处罚的事实、理由及依据，并告知违反治安管理行为人依法享有的权利。

违反治安管理行为人有权陈述和申辩。公安机关必须充分听取违反治安管理行为人的意见，对违反治安管理行为人提出的事实、理由和证据，应当进行复核；违反治安管理行为人提出的事实、理由或者证据成立的，公安机关应当采纳。

公安机关不得因违反治安管理行为人的陈述、申辩而加重处罚。

实用问答

1. 什么情形下公安机关可以采用公告的方式告知违法嫌疑人？

答：根据《公安机关办理行政案件程序规定》第168条的规定，对违法行为事实清楚，证据确实充分，依法应当予以行政处罚，因违法行为人逃跑等原因无法履行告知义务的，公安机关可以采取公告方式予以告知。自公告之日起7日内，违法嫌疑人未提出申辩的，可以依法作出行政处罚决定。

2. 公安机关办理行政案件时可否因违法嫌疑人的申辩而对其加重处罚？

答：根据《公安机关办理行政案件程序规定》第169条的规定，公安机关不得因违法嫌疑人申辩而加重处罚。

◆ **第九十五条　公安机关办理治安案件的处理结果**

治安案件调查结束后，公安机关应当根据不同情况，分别作出以下处理：

（一）确有依法应当给予治安管理处罚的违法行为的，根据情节轻重及具体情况，作出处罚决定；

（二）依法不予处罚的，或者违法事实不能成立的，作出不予处罚决定；

（三）违法行为已涉嫌犯罪的，移送主管机关依法追究刑事责任；

（四）发现违反治安管理行为人有其他违法行为的，在对违反治安管理行为作出处罚决定的同时，通知有关行政主管部门处理。

典型案例

李某庆与鸡西市公安局滴道区公安分局东兴派出所、郝某财不服治安管理处罚案[①]

要旨：本案中，根据被告调取的大军果蔬和森隆洗浴的监控视频，郝某财向后倒车时，李某庆主动追至车尾处，郝某财驾车向前行驶避让李某庆，这时李某庆又从车尾左侧跑向车前方，被郝某财驾驶的轿车的左侧刮倒。在这一过程中，郝某财驾驶车辆向后倒车和向前行驶均是为了

[①] 参见黑龙江省鸡西市中级人民法院（2017）黑03行终60号行政判决书。

避让李某庆,并没有向李某庆所站方向行驶,由此可以认定郝某财没有驾车撞击李某庆的故意。李某庆追赶行驶中的机动车,并跑向机动车行驶的方向阻拦,导致自己被行驶中的车辆刮倒,损害完全是其自身原因导致,第三人郝某财没有过错。被告鸡西市公安局滴道区分局东兴派出所根据《治安管理处罚法》第95条第2项之规定对郝某财作出不予处罚决定,认定事实清楚,适用法律、法规正确,符合法定程序。

◆ **第九十六条　治安管理处罚决定书的内容**

公安机关作出治安管理处罚决定的,应当制作治安管理处罚决定书。决定书应当载明下列内容:

(一)被处罚人的姓名、性别、年龄、身份证件的名称和号码、住址;

(二)违法事实和证据;

(三)处罚的种类和依据;

(四)处罚的执行方式和期限;

(五)对处罚决定不服,申请行政复议、提起行政诉讼的途径和期限;

(六)作出处罚决定的公安机关的名称和作出决定的日期。

决定书应当由作出处罚决定的公安机关加盖印章。

实用问答

一个案件有多个违法行为人时,公安机关如何制作决定书?

答:根据《公安机关办理行政案件程序规定》第161条的规定,一个案件有多个违法行为人的,分别决定,可以制作一式多份决定书,写明给予每个人的处理决定,分别送达每一个违法行为人。

◆ **第九十七条　公安机关如何实施行政处罚决定的宣告、送达，以及将决定书副本抄送被侵害人**

公安机关应当向被处罚人宣告治安管理处罚决定书，并当场交付被处罚人；无法当场向被处罚人宣告的，应当在二日内送达被处罚人。决定给予行政拘留处罚的，应当及时通知被处罚人的家属。

有被侵害人的，公安机关应当将决定书副本抄送被侵害人。

实用问答

公安机关办理行政案件如何送达法律文书？

答：《公安机关办理行政案件程序规定》第36条规定："送达法律文书，应当遵守下列规定：（一）依照简易程序作出当场处罚决定的，应当将决定书当场交付被处罚人，并由被处罚人在备案的决定书上签名或者捺指印；被处罚人拒绝的，由办案人民警察在备案的决定书上注明；（二）除本款第一项规定外，作出行政处罚决定和其他行政处理决定，应当在宣告后将决定书当场交付被处理人，并由被处理人在附卷的决定书上签名或者捺指印，即为送达；被处理人拒绝的，由办案人民警察在附卷的决定书上注明；被处理人不在场的，公安机关应当在作出决定的七日内将决定书送达被处理人，治安管理处罚决定应当在二日内送达。送达法律文书应当首先采取直接送达方式，交给受送达人本人；受送达人不在的，可以交付其成年家属、所在单位的负责人员或者其居住地居（村）民委员会代收。受送达人本人或者代收人拒绝接收或者拒绝签名和捺指印的，送达人可以邀请其邻居或者其他见证人到场，说明情况，也可以对拒收情况进行录音录像，把文书留在受送达人处，在附卷的法律文书上注明拒绝的事由、送达日期，由送达人、见证人签名或者捺指印，即视为送达。无法直接送达的，委托其他公安机关代为送达，或者邮寄送达。经受送达人同意，可以采用传真、互联网通讯工具等能够确认其收悉的方式送达。经采取上述送达方式仍无法送达的，可以公告送达。公告的范围和方式应当便于公民知晓，公告期限不得少于六十日。"

◆ **第九十八条　公安机关办理治安管理处罚案件时进行听证的条件**

公安机关作出吊销许可证以及处二千元以上罚款的治安管理处罚决定前，应当告知违反治安管理行为人有权要求举行听证；违反治安管理行为人要求听证的，公安机关应当及时依法举行听证。

实用问答

1. 公安机关办理行政案件进行听证时，听证人员主要听证哪些内容？

答：根据《公安机关办理行政案件程序规定》第126条的规定，听证人员应当就行政案件的事实、证据、程序、适用法律等方面全面听取当事人陈述和申辩。

2. 公安机关办理行政案件进行听证时，如何安排听证人员？

答：根据《公安机关办理行政案件程序规定》第127条的规定，听证设听证主持人1名，负责组织听证；记录员1名，负责制作听证笔录。必要时，可以设听证员1~2名，协助听证主持人进行听证。本案调查人员不得担任听证主持人、听证员或者记录员。

3. 公安机关办理行政案件进行听证时，当事人在听证活动中享有哪些权利？

答：根据《公安机关办理行政案件程序规定》第 130 条的规定，当事人在听证活动中享有下列权利：（1）申请回避；（2）委托 1~2 人代理参加听证；（3）进行陈述、申辩和质证；（4）核对、补正听证笔录；（5）依法享有的其他权利。

4. 公安机关办理行政案件进行听证过程中，遇有哪些情形听证主持人可以中止听证？

答：根据《公安机关办理行政案件程序规定》第 148 条的规定，听证过程中，遇有下列情形之一，听证主持人可以中止听证：（1）需要通知新的证人到会、调取新的证据或者需要重新鉴定或者勘验的；（2）因回避致使听证不能继续进行的；（3）其他需要中止听证的。中止听证的情形消除后，听证主持人应当及时恢复听证。

5. 公安机关办理行政案件进行听证过程中，遇有哪些情形听证主持人应当终止听证？

答：根据《公安机关办理行政案件程序规定》第 149 条的规定，听证过程中，遇有下列情形之一，应当终止听证：（1）听证申请人撤回听证申请的；（2）听证申请人及其代理人无正当理由拒不出席或者未经听证主持人许可中途退出听证的；（3）听证申请人死亡或者作为听证申请人的法人或者其他组织被撤销、解散的；（4）听证过程中，听证申请人或者其代理人扰乱听证秩序，不听劝阻，致使听证无法正常进行的；（5）其他需要终止听证的。

6. 听证笔录应当载明哪些内容？

答：根据《公安机关办理行政案件程序规定》第 151 条的规定，记录员应当将举行听证的情况记入听证笔录。听证笔录应当载明下列内容：（1）案由；（2）听证的时间、地点和方式；（3）听证人员和听证参加人的身份情况；(4) 办案人民警察陈述的事实、证据和法律依据以及行政处罚意见；(5) 听证申请人或者其代理人的陈述和申辩；(6) 第三人陈述的事实和理由；(7) 办案人民警察、听证申请人或者其代理人、第三人质证、辩论的内容；(8) 证人陈述的事实；(9) 听证申请人、第三人、办案人民警察的最后陈述意见；(10) 其他事项。

7. 听证报告书应当包括哪些内容？

答：根据《公安机关办理行政案件程序规定》第153条的规定，听证结束后，听证主持人应当写出听证报告书，连同听证笔录一并报送公安机关负责人。听证报告书应当包括下列内容：(1) 案由；(2) 听证人员和听证参加人的基本情况；(3) 听证的时间、地点和方式；(4) 听证会的基本情况；(5) 案件事实；(6) 处理意见和建议。

◆ **第九十九条　公安机关办理治安案件的期限**

公安机关办理治安案件的期限，自受理之日起不得超过三十日；案情重大、复杂的，经上一级公安机关批准，可以延长三十日。

为了查明案情进行鉴定的期间，不计入办理治安案件的期限。

实用问答

对因违反治安管理行为人逃跑等客观原因造成案件在法定期限内无法作出行政处理决定的，公安机关应当如何处理？

答：根据《公安机关办理行政案件程序规定》第165条的规定，

对因违反治安管理行为人不明或者逃跑等客观原因造成案件在法定期限内无法作出行政处理决定的，公安机关应当继续进行调查取证，并向被侵害人说明情况，及时依法作出处理决定。

典型案例

原告刘某某不服治安管理处罚决定案[1]

要旨： 本案中，被告已举证证明延长办案期限30日，故对原告的主张不予支持。对于原告提出的被告对原告进行处罚时未考虑事件系由第三人先前的过错行为引发进而未对原告减轻处罚的主张，经查，被告对互殴双方均给予相应处罚，说明双方均是违法行为人，均应受到处罚，故对原告该主张不予支持。

◆ **第一百条 公安机关当场作出治安管理处罚决定**

违反治安管理行为事实清楚，证据确凿，处警告或者二百元以下罚款的，可以当场作出治安管理处罚决定。

实用问答

公安机关办理行政案件时，遇有哪些情形人民警察可以当场作出处罚决定？

答：根据《公安机关办理行政案件程序规定》第37条的规定，违法事实确凿，且具有下列情形之一的，人民警察可以当场作出处

---

[1] 参见辽宁省锦州市凌河区人民法院（2018）辽0703行初34号行政决定书。

罚决定,有违禁品的,可以当场收缴:(1)对违反治安管理行为人或者道路交通违法行为人处 200 元以下罚款或者警告的;(2)出入境边防检查机关对违反出境入境管理行为人处 500 元以下罚款或者警告的;(3)对有其他违法行为的个人处 50 元以下罚款或者警告、对单位处 1000 元以下罚款或者警告的;(4)法律规定可以当场处罚的其他情形。涉及卖淫、嫖娼、赌博、毒品的案件,不适用当场处罚。

典型案例

生某芹与宽甸满族自治县公安局治安管理处罚案[①]

要旨: 本案中,上诉人生某芹因虎山镇公安派出所告知其申请办理的业务不针对个人,与所内工作人员发生争执,使虎山派出所户籍办理业务中断 1 个小时,被上诉人鉴于其行为未造成严重损失,对其作出被诉《行政处罚决定书》,该行为符合法律规定。根据《治安管理处罚法》第 100 条之规定,"违反治安管理行为事实清楚,证据确凿,处警告或者二百元以下罚款的,可以当场作出治安管理处罚决定"。被上诉人在案发当日经立案、调查取证、告知陈述申辩权利等程序,向上诉人当场作出罚款 200 元的治安行政处罚,其执法程序合法。

---

① 参见辽宁省丹东市中级人民法院(2018)辽 06 行终 60 号行政判决书。

◆ **第一百零一条　人民警察当场作出治安管理处罚决定的程序**

当场作出治安管理处罚决定的，人民警察应当向违反治安管理行为人出示工作证件，并填写处罚决定书。处罚决定书应当当场交付被处罚人；有被侵害人的，并将决定书副本抄送被侵害人。

前款规定的处罚决定书，应当载明被处罚人的姓名、违法行为、处罚依据、罚款数额、时间、地点以及公安机关名称，并由经办的人民警察签名或者盖章。

当场作出治安管理处罚决定的，经办的人民警察应当在二十四小时内报所属公安机关备案。

实用问答

公安机关办理行政案件当场处罚的程序是什么？

答：根据《公安机关办理行政案件程序规定》第 38 条的规定，当场处罚，应当按照下列程序实施：（1）向违法行为人表明执法身份；（2）收集证据；（3）口头告知违法行为人拟作出行政处罚决定的事实、理由和依据，并告知违法行为人依法享有的陈述权和申辩权；（4）充分听取违法行为人的陈述和申辩。违法行为人提出的事实、理由或者证据成立的，应当采纳；（5）填写当场处罚决定书并当场交付被处罚人；（6）当场收缴罚款的，同时填写罚款收据，交付被处罚人；未当场收缴罚款的，应当告知被处罚人在规定期限内到指定的银行缴纳罚款。

◆ **第一百零二条　被处罚人不服处罚的法律救济途径**

被处罚人对治安管理处罚决定不服的，可以依法申请行政复议或者提起行政诉讼。

实用问答

1. 哪些情形下公民、法人或者其他组织可以依照《行政复议法》申请行政复议？

答：《行政复议法》第 6 条规定："有下列情形之一的，公民、法人或者其他组织可以依照本法申请行政复议：（一）对行政机关作出的警告、罚款、没收违法所得、没收非法财物、责令停产停业、暂扣或者吊销许可证、暂扣或者吊销执照、行政拘留等行政处罚决定不服的；（二）对行政机关作出的限制人身自由或者查封、扣押、冻结财产等行政强制措施决定不服的；（三）对行政机关作出的有关许可证、执照、资质证、资格证等证书变更、中止、撤销的决定不服的；（四）对行政机关作出的关于确认土地、矿藏、水流、森林、山岭、草原、荒地、滩涂、海域等自然资源的所有权或者使用权的决定不服的；（五）认为行政机关侵犯合法的经营自主权的；（六）认为行政机关变更或者废止农业承包合同，侵犯其合法权益的；（七）认为行政机关违法集资、征收财物、摊派费用或者违法要求履行其他义务的；（八）认为符合法定条件，申请行政机关颁发许可证、执照、资质证、资格证等证书，或者申请行政机关审批、登记有关事项，行政机关没有依法办理的；（九）申请行政机关履行保护人身权利、财产权利、受教育权利的法定职责，行政机关没有依法履行的；（十）申请行政机关依法发放抚恤金、社会保险金或者最低生活保障费，行政机关没有依法发放的；（十一）认为行政机关的其他具体行政行为侵犯其合法权益的。"

2. 公民、法人或者其他组织认为具体行政行为侵犯其合法权益的，可以在什么时候提出行政复议申请？

答：根据《行政复议法》第9条的规定，公民、法人或者其他组织认为具体行政行为侵犯其合法权益的，可以自知道该具体行政行为之日起60日内提出行政复议申请；但是法律规定的申请期限超过60日的除外。因不可抗力或者其他正当理由耽误法定申请期限的，申请期限自障碍消除之日起继续计算。

3. 公民、法人或者其他组织提起行政诉讼是否必须先申请行政复议？

答：根据《行政诉讼法》第44条的规定，对属于人民法院受案范围的行政案件，公民、法人或者其他组织可以先向行政机关申请复议，对复议决定不服的，再向人民法院提起诉讼；也可以直接向人民法院提起诉讼。法律、法规规定应当先向行政机关申请复议，对复议决定不服再向人民法院提起诉讼的，依照法律、法规的规定。

4. 公民、法人或者其他组织可以在什么时候提起行政诉讼？

答：根据《行政诉讼法》第45条和第46条的规定，公民、法人或者其他组织不服复议决定的，可以在收到复议决定书之日起15日内向人民法院提起诉讼。复议机关逾期不作决定的，申请人可以在复议期满之日起15日内向人民法院提起诉讼。法律另有规定的除外。公民、法人或者其他组织直接向人民法院提起诉讼的，应当自知道或者应当知道作出行政行为之日起6个月内提出。法律另有规定的除外。因不动产提起诉讼的案件自行政行为作出之日起超过20年，其他案件自行政行为作出之日起超过5年提起诉讼的，人民法院不予受理。

5. 治安案件的被侵害人是否有权申请行政复议？

答：根据《公安机关执行〈中华人民共和国治安管理处罚法〉有关问题的解释（二）》第 11 条的规定，治安案件的被侵害人认为公安机关依据《治安管理处罚法》作出的具体行政行为侵犯其合法权益的，可以依法申请行政复议。

第三节 执 行

◆ **第一百零三条 行政拘留处罚的执行**

对被决定给予行政拘留处罚的人，由作出决定的公安机关送达拘留所执行。

实用问答

1.《治安管理处罚法》第 103 条中的"送达拘留所执行"是指什么？

答：根据《公安机关执行〈中华人民共和国治安管理处罚法〉有关问题的解释》第 13 条的规定，《治安管理处罚法》第 103 条中的"送达拘留所执行"，是指作出行政拘留决定的公安机关将被决定行政拘留的人送到拘留所并交付执行，拘留所依法办理入所手续后即为送达。

2. 被决定行政拘留的人在什么情形下可以在异地被执行拘留？

答：根据《公安机关办理行政案件程序规定》第 220 条的规定，对被决定行政拘留的人，在异地被抓获或者具有其他有必要在异地拘留所执行情形的，经异地拘留所主管公安机关批准，可以在异地执行。

3. 对同时被决定行政拘留和社区戒毒或者强制隔离戒毒的人，应当如何处理？

答：根据《公安机关办理行政案件程序规定》第 221 条的规定，对同时被决定行政拘留和社区戒毒或者强制隔离戒毒的人员，应当先执行行政拘留，由拘留所给予必要的戒毒治疗，强制隔离戒毒期限连续计算。拘留所不具备戒毒治疗条件的，行政拘留决定机关可以直接将被行政拘留人送公安机关管理的强制隔离戒毒所代为执行行政拘留，强制隔离戒毒期限连续计算。

> ◆ **第一百零四条 到指定的银行缴纳罚款以及人民警察可以当场收缴罚款的情形**
>
> 受到罚款处罚的人应当自收到处罚决定书之日起十五日内，到指定的银行缴纳罚款。但是，有下列情形之一的，人民警察可以当场收缴罚款：
> （一）被处五十元以下罚款，被处罚人对罚款无异议的；
> （二）在边远、水上、交通不便地区，公安机关及其人民警察依照本法的规定作出罚款决定后，被处罚人向指定的银行缴纳罚款确有困难，经被处罚人提出的；
> （三）被处罚人在当地没有固定住所，不当场收缴事后难以执行的。

实用问答

1. 什么情形下被处罚人可以暂缓或者分期缴纳罚款？

答：根据《公安机关办理行政案件程序规定》第 217 条的规定，

被处罚人确有经济困难,经被处罚人申请和作出处罚决定的公安机关批准,可以暂缓或者分期缴纳罚款。

2. 被处罚人未在《公安机关办理行政案件程序规定》第 214 条规定的期限内缴纳罚款的,公安机关可以如何处理?

答:根据《公安机关办理行政案件程序规定》第 218 条的规定,被处罚人未在《公安机关办理行政案件程序规定》第 214 条规定的期限内缴纳罚款的,作出行政处罚决定的公安机关可以采取下列措施:(1)将依法查封、扣押的被处罚人的财物拍卖或者变卖抵缴罚款。拍卖或者变卖的价款超过罚款数额的,余额部分应当及时退还被处罚人;(2)不能采取第 1 项措施的,每日按罚款数额的 3% 加处罚款,加处罚款总额不得超出罚款数额。拍卖财物,由公安机关委托拍卖机构依法办理。

3. 公安机关对被处罚人作出罚款处罚的,在什么情形下公安机关可以申请人民法院强制执行?

答:根据《公安机关办理行政案件程序规定》第 219 条的规定,依法加处罚款超过 30 日,经催告被处罚人仍不履行的,作出行政处罚决定的公安机关可以按照《公安机关办理行政案件程序规定》第 206 条的规定向所在地有管辖权的人民法院申请强制执行。

◆ **第一百零五条　当场收缴罚款的交纳期**

人民警察当场收缴的罚款,应当自收缴罚款之日起二日内,交至所属的公安机关;在水上、旅客列车上当场收缴的罚款,应当自抵岸或者到站之日起二日内,交至所属的公安机关;公安机关应当自收到罚款之日起二日内将罚款缴付指定的银行。

◆ **第一百零六条　罚款收据的制发**

人民警察当场收缴罚款的，应当向被处罚人出具省、自治区、直辖市人民政府财政部门统一制发的罚款收据；不出具统一制发的罚款收据的，被处罚人有权拒绝缴纳罚款。

◆ **第一百零七条　暂缓执行行政拘留的申请和执行**

被处罚人不服行政拘留处罚决定，申请行政复议、提起行政诉讼的，可以向公安机关提出暂缓执行行政拘留的申请。公安机关认为暂缓执行行政拘留不致发生社会危险的，由被处罚人或者其近亲属提出符合本法第一百零八条规定条件的担保人，或者按每日行政拘留二百元的标准交纳保证金，行政拘留的处罚决定暂缓执行。

实用问答

1. 被拘留人提出举报、控告，申请行政复议，提起行政诉讼或者申请暂缓执行拘留的，拘留所应当在多长时间内将有关材料转送有关机关？

答：根据《拘留所条例》第 29 条的规定，被拘留人提出举报、控告，申请行政复议，提起行政诉讼或者申请暂缓执行拘留的，拘留所应当在 24 小时内将有关材料转送有关机关，不得检查或者扣押。

2. 公安机关应当在多长时间内作出暂缓执行行政拘留的决定？

答：根据《公安机关办理行政案件程序规定》第 223 条的规定，公安机关应当在收到被处罚人提出暂缓执行行政拘留申请之时起 24

小时内作出决定。

3. 被处罚人有哪些情形时，公安机关应当作出不暂缓执行行政拘留的决定？

答：根据《公安机关办理行政案件程序规定》第224条的规定，被处罚人具有下列情形之一的，应当作出不暂缓执行行政拘留的决定，并告知申请人：（1）暂缓执行行政拘留后可能逃跑的；（2）有其他违法犯罪嫌疑，正在被调查或者侦查的；（3）不宜暂缓执行行政拘留的其他情形。

4. 行政拘留并处罚款的，罚款是否因暂缓执行行政拘留而暂缓？

答：根据《公安机关办理行政案件程序规定》第225条的规定，行政拘留并处罚款的，罚款不因暂缓执行行政拘留而暂缓执行。

5. 在暂缓执行行政拘留期间，被处罚人应当遵守哪些规定？

答：根据《公安机关办理行政案件程序规定》第226条的规定，在暂缓执行行政拘留期间，被处罚人应当遵守下列规定：（1）未经决定机关批准不得离开所居住的市、县；（2）住址、工作单位和联系方式发生变动的，在24小时以内向决定机关报告；（3）在行政复议和行政诉讼中不得干扰证人作证、伪造证据或者串供；（4）不得逃避、拒绝或者阻碍处罚的执行。另外，在暂缓执行行政拘留期间，公安机关不得妨碍被处罚人依法行使行政复议和行政诉讼权利。

◆ **第一百零八条　暂缓执行行政拘留的担保人的条件**

担保人应当符合下列条件：

（一）与本案无牵连；

（二）享有政治权利，人身自由未受到限制；

（三）在当地有常住户口和固定住所；
（四）有能力履行担保义务。

实用问答

公安机关认为暂缓执行行政拘留的担保人符合条件要求的，应当如何处理？

答：根据《公安机关办理行政案件程序规定》第228条的规定，公安机关经过审查认为暂缓执行行政拘留的担保人符合条件的，由担保人出具保证书，并到公安机关将被担保人领回。

◆ **第一百零九条　暂缓执行行政拘留的担保人的义务**

担保人应当保证被担保人不逃避行政拘留处罚的执行。

担保人不履行担保义务，致使被担保人逃避行政拘留处罚的执行的，由公安机关对其处三千元以下罚款。

实用问答

1. 暂缓执行行政拘留的担保人履行了担保义务，但被担保人仍逃避行政拘留处罚执行的，或者被处罚人逃跑后，担保人积极帮助公安机关抓获被处罚人的，可以如何处理？

答：根据《公安机关办理行政案件程序规定》第229条的规定，暂缓执行行政拘留的担保人履行了担保义务，但被担保人仍逃避行政拘留处罚执行的，或者被处罚人逃跑后，担保人积极帮助公安机关抓获被处罚人的，可以从轻或者不予行政处罚。

2. 暂缓执行行政拘留的担保人在暂缓执行行政拘留期间，不愿继续担保或者丧失担保条件的，行政拘留的决定机关应当如何处理？

答：根据《公安机关办理行政案件程序规定》第 230 条的规定，暂缓执行行政拘留的担保人在暂缓执行行政拘留期间，不愿继续担保或者丧失担保条件的，行政拘留的决定机关应当责令被处罚人重新提出担保人或者交纳保证金。不提出担保人又不交纳保证金的，行政拘留的决定机关应当将被处罚人送拘留所执行。

◆ **第一百一十条　没收保证金**

被决定给予行政拘留处罚的人交纳保证金，暂缓行政拘留后，逃避行政拘留处罚的执行的，保证金予以没收并上缴国库，已经作出的行政拘留决定仍应执行。

◆ **第一百一十一条　退还保证金**

行政拘留的处罚决定被撤销，或者行政拘留处罚开始执行的，公安机关收取的保证金应当及时退还交纳人。

第五章 执法监督

◆ **第一百一十二条 公安机关及其人民警察在办理治安案件过程中应该遵循的执法原则**

公安机关及其人民警察应当依法、公正、严格、高效办理治安案件,文明执法,不得徇私舞弊。

◆ **第一百一十三条 公安机关及其人民警察办理治安案件中的禁止性行为**

公安机关及其人民警察办理治安案件,禁止对违反治安管理行为人打骂、虐待或者侮辱。

◆ **第一百一十四条 公安机关及其人民警察在办理治安案件行使行政职权行为时,应当接受社会监督以及监督方式**

公安机关及其人民警察办理治安案件,应当自觉接受社会和公民的监督。

公安机关及其人民警察办理治安案件,不严格执法或者有违法违纪行为的,任何单位和个人都有权向公安机关或者人民检察院、行政监察机关检举、控告;收到检举、控告的机关,应当依据职责及时处理。

实用问答

行政处罚监督制度如何实现？

答：根据《行政处罚法》第 75 条的规定，行政机关应当建立健全对行政处罚的监督制度。县级以上人民政府应当定期组织开展行政执法评议、考核，加强对行政处罚的监督检查，规范和保障行政处罚的实施。行政机关实施行政处罚应当接受社会监督。公民、法人或者其他组织对行政机关实施行政处罚的行为，有权申诉或者检举；行政机关应当认真审查，发现有错误的，应当主动改正。

◆ **第一百一十五条　公安机关依法实行罚款决定与罚款收缴相分离，以及收缴的罚款应当上缴国库**

公安机关依法实施罚款处罚，应当依照有关法律、行政法规的规定，实行罚款决定与罚款收缴分离；收缴的罚款应当全部上缴国库。

实用问答

如何实现罚款决定与罚款收缴相分离制度？

答：根据《行政处罚法》第 67 条的规定，作出罚款决定的行政机关应当与收缴罚款的机构分离。除依照《行政处罚法》第 68、69 条的规定当场收缴的罚款外，作出行政处罚决定的行政机关及其执法人员不得自行收缴罚款。当事人应当自收到行政处罚决定书之日起 15 日内，到指定的银行或者通过电子支付系统缴纳罚款。银行应当收受罚款，并将罚款直接上缴国库。

◆ 第一百一十六条 人民警察在办理治安案件中的违法违纪行为所应承担的法律责任

人民警察办理治安案件,有下列行为之一的,依法给予行政处分;构成犯罪的,依法追究刑事责任:

(一)刑讯逼供、体罚、虐待、侮辱他人的;

(二)超过询问查证的时间限制人身自由的;

(三)不执行罚款决定与罚款收缴分离制度或者不按规定将罚没的财物上缴国库或者依法处理的;

(四)私分、侵占、挪用、故意损毁收缴、扣押的财物的;

(五)违反规定使用或者不及时返还被侵害人财物的;

(六)违反规定不及时退还保证金的;

(七)利用职务上的便利收受他人财物或者谋取其他利益的;

(八)当场收缴罚款不出具罚款收据或者不如实填写罚款数额的;

(九)接到要求制止违反治安管理行为的报警后,不及时出警的;

(十)在查处违反治安管理活动时,为违法犯罪行为人通风报信的;

(十一)有徇私舞弊、滥用职权,不依法履行法定职责的其他情形的。

办理治安案件的公安机关有前款所列行为的,对直接负责的主管人员和其他直接责任人员给予相应的行政处分。

📄 **实用问答**

行政机关违反罚缴分离制度以及财政部门违反规定向行政机关返还罚款、没收的违法所得或者拍卖款项的，应当如何处理？

答：根据《行政处罚法》第 78 条的规定，行政机关违反《行政处罚法》第 67 条的规定自行收缴罚款的，财政部门违反《行政处罚法》第 74 条的规定向行政机关返还罚款、没收的违法所得或者拍卖款项的，由上级行政机关或者有关机关责令改正，对直接负责的主管人员和其他直接责任人员依法给予处分。

◆ **第一百一十七条 公安机关及其人民警察违法行使职权，造成公民、法人和其他组织合法权益损害时的赔偿责任**

公安机关及其人民警察违法行使职权，侵犯公民、法人和其他组织合法权益的，应当赔礼道歉；造成损害的，应当依法承担赔偿责任。

📄 **实用问答**

1. 行政机关工作人员在行使行政职权时有哪些侵犯人身权的情形的，受害人有取得赔偿的权利？

答：根据《国家赔偿法》第 3 条的规定，行政机关及其工作人员在行使行政职权时有下列侵犯人身权情形之一的，受害人有取得赔偿的权利：（1）违法拘留或者违法采取限制公民人身自由的行政强制措施的；（2）非法拘禁或者以其他方法非法剥夺公民人身自由的；（3）以殴打、虐待等行为或者唆使、放纵他人以殴打、虐待等行为造成公民身体伤害或者死亡的；（4）违法使用武器、警械造成公民身体伤害或者死亡的；(5) 造成公民身体伤害或者死亡的其他违法行为。

2. 行政机关工作人员在行使行政职权时有哪些侵犯财产权的情形的，受害人有取得赔偿的权利？

答：根据《国家赔偿法》第4条的规定，行政机关及其工作人员在行使行政职权时有下列侵犯财产权情形之一的，受害人有取得赔偿的权利：(1) 违法实施罚款、吊销许可证和执照、责令停产停业、没收财物等行政处罚的；(2) 违法对财产采取查封、扣押、冻结等行政强制措施的；(3) 违法征收、征用财产的；(4) 造成财产损害的其他违法行为。

3. 哪些情形下国家不承担赔偿责任？

答：根据《国家赔偿法》第5条的规定，属于下列情形之一的，国家不承担赔偿责任：(1) 行政机关工作人员与行使职权无关的个人行为；(2) 因公民、法人和其他组织自己的行为致使损害发生的；(3) 法律规定的其他情形。

4. 侵犯公民生命健康权的赔偿金如何计算？

答：根据《国家赔偿法》第34条的规定，侵犯公民生命健康权的，赔偿金按照下列规定计算：(1) 造成身体伤害的，应当支付医疗费、护理费，以及赔偿因误工减少的收入。减少的收入每日的赔偿金按照国家上年度职工日平均工资计算，最高额为国家上年度职工年平均工资的5倍。(2) 造成部分或者全部丧失劳动能力的，应当支付医疗费、护理费、残疾生活辅助具费、康复费等因残疾而增加的必要支出和继续治疗所必需的费用，以及残疾赔偿金。残疾赔偿金根据丧失劳动能力的程度，按照国家规定的伤残等级确定，最高不超过国家上年度职工年平均工资的20倍。造成全部丧失劳动能力的，对其扶养的无劳动能力的人，还应当支付生活费。(3) 造成死亡的，应当支付死亡赔偿金、丧葬费，总额为国家上年度职工年平均工资的 20 倍。对死者生前扶养的无劳动能力的人，还应当支付生活费。上述第 2、3 项规定的生活费的发放标准，参照当地最低生活保障标准执行。被扶养的人是未成年人的，生活费给付至 18 周岁止；其他无劳动能力的人，生活费给付至死亡时止。

5. 侵犯公民、法人和其他组织的财产权，造成损害的，应当如何处理？

答：根据《国家赔偿法》第 36 条的规定，侵犯公民、法人和其他组织的财产权，造成损害的，按照下列规定处理：（1）处罚款、罚金、追缴、没收财产或者违法征收、征用财产的，返还财产；（2）查封、扣押、冻结财产的，解除对财产的查封、扣押、冻结，造成财产损坏或者灭失的，依照该条第 3、4 项的规定赔偿；（3）应当返还的财产损坏的，能够恢复原状的恢复原状，不能恢复原状的，按照损害程度给付相应的赔偿金；（4）应当返还的财产灭失的，给付相应的赔偿金；（5）财产已经拍卖或者变卖的，给付拍卖或者变卖所得的价款；变卖的价款明显低于财产价值的，应当支付相应的赔偿金；（6）吊销许可证和执照、责令停产停业的，赔偿停产停业期间必要的经常性费用开支；（7）返还执行的罚款或者罚金、追缴或者没收的金钱，解除冻结的存款或者汇款的，应当支付银行同期存款利息；（8）对财产权造成其他损害的，按照直接损失给予赔偿。

第六章 附 则

◆ **第一百一十八条 "以上""以下""以内"的含义**

本法所称以上、以下、以内,包括本数。

◆ **第一百一十九条 施行日期**

本法自 2006 年 3 月 1 日起施行。1986 年 9 月 5 日公布、1994 年 5 月 12 日修订公布的《中华人民共和国治安管理处罚条例》同时废止。

附录

公安机关执行《中华人民共和国治安管理处罚法》有关问题的解释[①]

(2006年1月23日公安部发布 公通字〔2006〕12号)

根据全国人大常委会《关于加强法律解释工作的决议》的规定,现对公安机关执行《中华人民共和国治安管理处罚法》(以下简称《治安管理处罚法》)的有关问题解释如下:

一、**关于治安案件的调解问题**。根据《治安管理处罚法》第9条的规定,对因民间纠纷引起的打架斗殴或者损毁他人财物以及其他违反治安管理行为,情节较轻的,公安机关应当本着化解矛盾纠纷、维护社会稳定、构建和谐社会的要求,依法尽量予以调解处理。特别是对因家庭、邻里、同事之间纠纷引起的违反治安管理行为,情节较轻,双方当事人愿意和解的,如制造噪声、发送信息、饲养动物干扰他人正常生活,放任动物恐吓他人、侮辱、诽谤、诬告陷害、侵犯隐私、偷开机动车等治安案件,公安机关都可以调解处理。同时,为确保调解取得良好效果,调解前应当及时依法做深入细致的调查取证工作,以查明事实、收集证据、分清责任。调解达成协议的,应当制作调解书,交双方当事人签字。

二、**关于涉外治安案件的办理问题**。《治安管理处罚法》第10

[①] 根据公安部于2020年7月21日下发的《公安部关于保留废止修改有关收容教育规范性文件的通知》(公法制〔2020〕818号),该文件中有关收容教育的内容废止。

条第2款规定："对违反治安管理的外国人可以附加适用限期出境、驱逐出境"。对外国人需要依法适用限期出境、驱逐出境处罚的，由承办案件的公安机关逐级上报公安部或者公安部授权的省级人民政府公安机关决定，由承办案件的公安机关执行。对外国人依法决定行政拘留的，由承办案件的县级以上（含县级，下同）公安机关决定，不再报上一级公安机关批准。对外国人依法决定警告、罚款、行政拘留，并附加适用限期出境、驱逐出境处罚的，应当在警告、罚款、行政拘留执行完毕后，再执行限期出境、驱逐出境。

三、关于不予处罚问题。《治安管理处罚法》第12条、第13条、第14条、第19条对不予处罚的情形作了明确规定，公安机关对依法不予处罚的违反治安管理行为人，有违法所得的，应当依法予以追缴；有非法财物的，应当依法予以收缴。

《治安管理处罚法》第22条对违反治安管理行为的追究时效作了明确规定，公安机关对超过追究时效的违反治安管理行为不再处罚，但有违禁品的，应当依法予以收缴。

四、关于对单位违反治安管理的处罚问题。《治安管理处罚法》第18条规定，"单位违反治安管理的，对其直接负责的主管人员和其他直接责任人员依照本法的规定处罚。其他法律、行政法规对同一行为规定给予单位处罚的，依照其规定处罚"，并在第54条规定可以吊销公安机关发放的许可证。对单位实施《治安管理处罚法》第三章所规定的违反治安管理行为的，应当依法对其直接负责的主管人员和其他直接责任人员予以治安管理处罚；其他法律、行政法规对同一行为明确规定由公安机关给予单位警告、罚款、没收违法所得、没收非法财物等处罚，或者采取责令其限期停业整顿、停业整顿、取缔等强制措施的，应当依照其规定办理。对被依法吊销许可证的单位，应当同时依法收缴非法财物、追缴违法所得。参照刑法的规定,单位是指公司、企业、事业单位、机关、团体。

五、关于不执行行政拘留处罚问题。根据《治安管理处罚法》第21条的规定,对"已满十四周岁不满十六周岁的"、"已满十六周岁不满十八周岁,初次违反治安管理的"、"七十周岁以上的"、"怀孕或者哺乳自己不满一周岁婴儿的"违反治安管理行为人,可以依法作出行政拘留处罚决定,但不投送拘留所执行。被处罚人居住地公安派出所应当会同被处罚人所在单位、学校、家庭、居(村)民委员会、未成年人保护组织和有关社会团体进行帮教。上述未成年人、老年人的年龄、怀孕或者哺乳自己不满1周岁婴儿的妇女的情况,以其实施违反治安管理行为或者正要执行行政拘留时的实际情况确定,即违反治安管理行为人在实施违反治安管理行为时具有上述情形之一的,或者执行行政拘留时符合上述情形之一的,均不再投送拘留所执行行政拘留。

六、关于取缔问题。根据《治安管理处罚法》第54条的规定,对未经许可,擅自经营按照国家规定需要由公安机关许可的行业的,予以取缔。这里的"按照国家规定需要由公安机关许可的行业",是指按照有关法律、行政法规和国务院决定的有关规定,需要由公安机关许可的旅馆业、典当业、公章刻制业、保安培训业等行业。取缔应当由违反治安管理行为发生地的县级以上公安机关作出决定。按照《治安管理处罚法》的有关规定采取相应的措施,如责令停止相关经营活动、进入无证经营场所进行检查、扣押与案件有关的需要作为证据的物品等。在取缔的同时,应当依法收缴非法财物、追缴违法所得。

七、关于强制性教育措施问题。《治安管理处罚法》第76条规定,对有"引诱、容留、介绍他人卖淫","制作、运输、复制、出售、出租淫秽的书刊、图片、影片、音像制品等淫秽物品或者利用计算机信息网络、电话以及其他通讯工具传播淫秽信息","以营利为目的,为赌博提供条件的,或者参与赌博赌资较大的"行为,"屡教不改的,可以按照国家规定采取强制性教育措施"。这里的"强制性教育措施"目前是指劳动教养;"按照国家规定"是指按照《治安管理处罚法》和其他有关劳动教养的法律、行政法规的规定,"屡教不改"是指有上述行为被依法判处刑罚执行期满后五年内又实施前述行为之一,或者被依法予以罚款、行政拘留、收容教育、劳动教养执行期满后三年内实施前述行为之一,情节较重,但尚不够刑事处罚的情形。

八、关于询问查证时间问题。《治安管理处罚法》第 83 条第 1 款规定,"对违反治安管理行为人,公安机关传唤后应当及时询问查证,询问查证的时间不得超过八小时;情况复杂,依照本法规定可能适用行政拘留处罚的,询问查证的时间不得超过二十四小时"。这里的"依照本法规定可能适用行政拘留处罚",是指本法第三章对行为人实施的违反治安管理行为设定了行政拘留处罚,且根据其行为的性质和情节轻重,可能依法对违反治安管理行为人决定予以行政拘留的案件。

根据《治安管理处罚法》第 82 条和第 83 条的规定,公安机关或者办案部门负责人在审批书面传唤时,可以一并审批询问查证时间。对经过询问查证,属于"情况复杂",且"依照本法规定可能适用行政拘留处罚"的案件,需要对违反治安管理行为人适用超过 8 小时询问查证时间的,需口头或者书面报经公安机关或者其办案部门负责人批准。对口头报批的,办案民警应当记录在案。

九、关于询问不满 16 周岁的未成年人问题。《治安管理处罚法》第 84 条、第 85 条规定,询问不满 16 周岁的违反治安管理行为人、被侵害人或者其他证人,应当通知其父母或者其他监护人到场。上述人员父母双亡，又没有其他监护人的，因种种原因无法找到其父母或者其他监护人的，以及其父母或者其他监护人收到通知后拒不到场或者不能及时到场的，办案民警应当将有关情况在笔录中注明。为保证询问的合法性和证据的有效性，在被询问人的父母或者其他监护人不能到场时，可以邀请办案地居（村）民委员会的人员，或者被询问人在办案地有完全行为能力的亲友，或者所在学校的教师，或者其他见证人到场。询问笔录应当由办案民警、被询问人、见证人签名或者盖章。有条件的地方，还可以对询问过程进行录音、录像。

十、关于铁路、交通、民航、森林公安机关和海关侦查走私犯罪公安机构以及新疆生产建设兵团公安局的治安管理处罚权问题。《治安管理处罚法》第91条规定："治安管理处罚由县级以上人民政府公安机关决定；其中警告、五百元以下罚款可以由公安派出所决定。"根据有关法律，铁路、交通、民航、森林公安机关依法负责其管辖范围内的治安管理工作，《中华人民共和国海关行政处罚实施条例》第6条赋予了海关侦查走私犯罪公安机构对阻碍海关缉私警察依法执行职务的治安案件的查处权。为有效维护社会治安，县级以上铁路、交通、民航、森林公安机关对其管辖的治安案件，可以依法作出治安管理处罚决定，铁路、交通、民航、森林公安派出所可以作出警告、500元以下罚款的治安管理处罚决定；海关系统相当于县级以上公安机关的侦查走私犯罪公安机构可以依法查处阻碍缉私警察依法执行职务的治安案件，并依法作出治安管理处罚决定。

新疆生产建设兵团系统的县级以上公安局应当视为"县级以上人民政府公安机关"，可以依法作出治安管理处罚决定；其所属的公安派出所可以依法作出警告、500元以下罚款的治安管理处罚决定。

十一、关于限制人身自由的强制措施折抵行政拘留问题。《治安管理处罚法》第92条规定："对决定给予行政拘留处罚的人，在处罚前已经采取强制措施限制人身自由的时间，应当折抵。限制人身自由一日，折抵行政拘留一日。"这里的"强制措施限制人身自由的时间"，包括被行政拘留人在被行政拘留前因同一行为被依法刑事拘留、逮捕时间。如果被行政拘留人被刑事拘留、逮捕的时间已超过被行政拘留的时间的，则行政拘留不再执行，但办案部门必须将《治安管理处罚决定书》送达被处罚人。

十二、关于办理治安案件期限问题。《治安管理处罚法》第99条规定："公安机关办理治安案件的期限，自受理之日起不得超过三十日；案情重大、复杂的，经上一级公安机关批准，可以延长三十日。为了查明案情进行鉴定的期间，不计入办理治安案件的期限。"这里的"鉴定期间"，是指公安机关提交鉴定之日起至鉴定机构作出鉴定结论并送达公安机关的期间。公安机关应当切实提高办案效率，保证在法定期限内办结治安案件。对因违反治安管理行为人逃跑等客观原因造成案件不能在法定期限内办结的，公安机关应当继续进行调查取证，及时依法作出处理决定，不能因已超过法定办案期限就不再调查取证。因违法治安管理人在逃，导致无法查清案件事实，无法收集足够证据而结不了案的，公安机关应当向被侵害人说明原因。对调解未达成协议或者达成协议后不履行的治安案件的办案期限，应当从调解未达成协议或者达成协议后不履行之日起开始计算。

公安派出所承办的案情重大、复杂的案件，需要延长办案期限的，应当报所属县级以上公安机关负责人批准。

十三、关于将被拘留人送达拘留所执行问题。《治安管理处罚法》第103条规定："对被决定给予行政拘留处罚的人，由作出决定的公安机关送达拘留所执行。"这里的"送达拘留所执行"，是指作出行政拘留决定的公安机关将被决定行政拘留的人送到拘留所并交付执行，拘留所依法办理入所手续后即为送达。

十四、关于治安行政诉讼案件的出庭应诉问题。《治安管理处罚法》取消了行政复议前置程序。被处罚人对治安管理处罚决定不服的，既可以申请行政复议，也可以直接提起行政诉讼。对未经行政复议和经行政复议决定维持原处罚决定的行政诉讼案件，由作出处罚决定的公安机关负责人和原办案部门的承办民警出庭应诉；对经行政复议决定撤销、变更原处罚决定或者责令被申请人重新作出具体行政行为的行政诉讼案件，由行政复议机关负责人和行政复议机构的承办民警出庭应诉。

十五、关于《治安管理处罚法》的溯及力问题。按照《中华人民共和国立法法》第84条的规定，《治安管理处罚法》不溯及既往。《治安管理处罚法》施行后，对其施行前发生且尚未作出处罚决定的违反治安管理行为，适用《中华人民共和国治安管理处罚条例》；但是，如果《治安管理处罚法》不认为是违反治安管理行为或者处罚较轻的，适用《治安管理处罚法》。

公安机关执行《中华人民共和国治安管理处罚法》有关问题的解释（二）

（2007年1月26日公安部发布　公通字〔2007〕1号）

为正确、有效地执行《中华人民共和国治安管理处罚法》（以下简称《治安管理处罚法》），根据全国人民代表大会常务委员会《关于加强法律解释工作的决议》的规定，现对公安机关执行《治安管理处罚法》的有关问题解释如下：

一、关于制止违反治安管理行为的法律责任问题

为了免受正在进行的违反治安管理行为的侵害而采取的制止违法侵害行为，不属于违反治安管理行为。但对事先挑拨、故意挑逗他人对自己进行侵害，然后以制止违法侵害为名对他人加以侵害的行为，以及互相斗殴的行为，应当予以治安管理处罚。

二、关于未达目的违反治安管理行为的法律责任问题

行为人为实施违反治安管理行为准备工具、制造条件的，不予处罚。

行为人自动放弃实施违反治安管理行为或者自动有效地防止违反治安管理行为结果发生，没有造成损害的，不予处罚；造成损害的，应当减轻处罚。

行为人已经着手实施违反治安管理行为，但由于本人意志以外的原因而未得逞的，应当从轻处罚、减轻处罚或者不予处罚。

三、关于未达到刑事责任年龄不予刑事处罚的，能否予以治安管理处罚问题

对已满十四周岁不满十六周岁不予刑事处罚的，应当责令其家长或者监护人加以管教；必要时，可以依照《治安管理处罚法》的相关规定予以治安管理处罚，或者依照《中华人民共和国刑法》第十七条的规定予以收容教养。

四、关于减轻处罚的适用问题

违反治安管理行为人具有《治安管理处罚法》第十二条、第十四条、第十九条减轻处罚情节的，按下列规定适用：

（一）法定处罚种类只有一种，在该法定处罚种类的幅度以下减轻处罚；

（二）法定处罚种类只有一种，在该法定处罚种类的幅度以下无法再减轻处罚的，不予处罚；

（三）规定拘留并处罚款的，在法定处罚幅度以下单独或者同时减轻拘留和罚款，或者在法定处罚幅度内单处拘留；

（四）规定拘留可以并处罚款的，在拘留的法定处罚幅度以下减轻处罚；在拘留的法定处罚幅度以下无法再减轻处罚的，不予处罚。

五、关于"初次违反治安管理"的认定问题

《治安管理处罚法》第二十一条第二项规定的"初次违反治安管理"，是指行为人的违反治安管理行为第一次被公安机关发现或者查处。但具有下列情形之一的，不属于"初次违反治安管理"：

（一）曾违反治安管理，虽未被公安机关发现或者查处，但仍在法定追究时效内的；

（二）曾因不满十六周岁违反治安管理，不执行行政拘留的；

（三）曾违反治安管理，经公安机关调解结案的；

（四）曾被收容教养、劳动教养的；

（五）曾因实施扰乱公共秩序，妨害公共安全，侵犯人身权利、财产权利，妨害社会管理的行为被人民法院判处刑罚或者免除刑事处罚的。

六、关于扰乱居（村）民委员会秩序和破坏居（村）民委员会选举秩序行为的法律适用问题

对扰乱居（村）民委员会秩序的行为，应当根据其具体表现形式，如侮辱、诽谤、殴打他人、故意伤害、故意损毁财物等，依照《治安管理处罚法》的相关规定予以处罚。

对破坏居（村）民委员会选举秩序的行为，应当依照《治安管理处罚法》第二十三条第一款第（五）项的规定予以处罚。

七、关于殴打、伤害特定对象的处罚问题

对违反《治安管理处罚法》第四十三条第二款第（二）项规定行为的处罚，不要求行为人主观上必须明知殴打、伤害的对象为残疾人、孕妇、不满十四周岁的人或者六十周岁以上的人。

八、关于"结伙"、"多次"、"多人"的认定问题

《治安管理处罚法》中规定的"结伙"是指两人（含两人）以上；"多次"是指三次（含三次）以上；"多人"是指三人（含三人）以上。

九、关于运送他人偷越国（边）境、偷越国（边）境和吸食、注射毒品行为的法律适用问题

对运送他人偷越国（边）境、偷越国（边）境和吸食、注射毒品行为的行政处罚，适用《治安管理处罚法》第六十一条、第六十二条第二款和第七十二条第（三）项的规定，不再适用全国人民代表大会常务委员会《关于严惩组织、运送他人偷越国（边）境犯罪的补充规定》和《关于禁毒的决定》的规定。

十、关于居住场所与经营场所合一的检查问题

违反治安管理行为人的居住场所与其在工商行政管理部门注册登记的经营场所合一的，在经营时间内对其检查时，应当按照检查经营场所办理相关手续；在非经营时间内对其检查时，应当按照检查公民住所办理相关手续。

十一、关于被侵害人是否有权申请行政复议问题

根据《中华人民共和国行政复议法》第二条的规定，治安案件的被侵害人认为公安机关依据《治安管理处罚法》作出的具体行政行为侵犯其合法权益的，可以依法申请行政复议。

公安机关办理行政案件程序规定

（2012年12月19日公安部令第125号修订发布　根据2014年6月29日公安部令第132号《关于修改部分部门规章的决定》第一次修正　根据2018年11月25日公安部令第149号《关于修改〈公安机关办理行政案件程序规定〉的决定》第二次修正　根据2020年8月6日公安部令第160号《关于废止和修改部分规章的决定》第三次修正）

第一章　总　　则

第一条　为了规范公安机关办理行政案件程序，保障公安机关在办理行政案件中正确履行职责，保护公民、法人和其他组织的合法权益，根据《中华人民共和国行政处罚法》《中华人民共和国行政强制法》《中华人民共和国治安管理处罚法》等有关法律、行政法规，制定本规定。

第二条　本规定所称行政案件，是指公安机关依照法律、法规和规章的规定对违法行为人决定行政处罚以及强制隔离戒毒等处理措施的案件。

本规定所称公安机关，是指县级以上公安机关、公安派出所、依法具有独立执法主体资格的公安机关业务部门以及出入境边防检查站。

第三条　办理行政案件应当以事实为根据，以法律为准绳。

第四条　办理行政案件应当遵循合法、公正、公开、及时的原则，尊重和保障人权，保护公民的人格尊严。

第五条 办理行政案件应当坚持教育与处罚相结合的原则,教育公民、法人和其他组织自觉守法。

第六条 办理未成年人的行政案件,应当根据未成年人的身心特点,保障其合法权益。

第七条 办理行政案件,在少数民族聚居或者多民族共同居住的地区,应当使用当地通用的语言进行询问。对不通晓当地通用语言文字的当事人,应当为他们提供翻译。

第八条 公安机关及其人民警察在办理行政案件时,对涉及的国家秘密、商业秘密或者个人隐私,应当保密。

第九条 公安机关人民警察在办案中玩忽职守、徇私舞弊、滥用职权、索取或者收受他人财物的,依法给予处分;构成犯罪的,依法追究刑事责任。

第二章 管 辖

第十条 行政案件由违法行为地的公安机关管辖。由违法行为人居住地公安机关管辖更为适宜的,可以由违法行为人居住地公安机关管辖,但是涉及卖淫、嫖娼、赌博、毒品的案件除外。

违法行为地包括违法行为发生地和违法结果发生地。违法行为发生地,包括违法行为的实施地以及开始地、途经地、结束地等与违法行为有关的地点;违法行为有连续、持续或者继续状态的,违法行为连续、持续或者继续实施的地方都属于违法行为发生地。违法结果发生地,包括违法对象被侵害地、违法所得的实际取得地、藏匿地、转移地、使用地、销售地。

居住地包括户籍所在地、经常居住地。经常居住地是指公民离开户籍所在地最后连续居住一年以上的地方,但在医院住院就医的除外。

移交违法行为人居住地公安机关管辖的行政案件，违法行为地公安机关在移交前应当及时收集证据，并配合违法行为人居住地公安机关开展调查取证工作。

第十一条　针对或者利用网络实施的违法行为，用于实施违法行为的网站服务器所在地、网络接入地以及网站建立者或者管理者所在地，被侵害的网络及其运营者所在地，违法过程中违法行为人、被侵害人使用的网络及其运营者所在地，被侵害人被侵害时所在地，以及被侵害人财产遭受损失地公安机关可以管辖。

第十二条　行驶中的客车上发生的行政案件，由案发后客车最初停靠地公安机关管辖；必要时，始发地、途经地、到达地公安机关也可以管辖。

第十三条　行政案件由县级公安机关及其公安派出所、依法具有独立执法主体资格的公安机关业务部门以及出入境边防检查站按照法律、行政法规、规章授权和管辖分工办理，但法律、行政法规、规章规定由设区的市级以上公安机关办理的除外。

第十四条　几个公安机关都有权管辖的行政案件，由最初受理的公安机关管辖。必要时，可以由主要违法行为地公安机关管辖。

第十五条　对管辖权发生争议的，报请共同的上级公安机关指定管辖。

对于重大、复杂的案件，上级公安机关可以直接办理或者指定管辖。

上级公安机关直接办理或者指定管辖的，应当书面通知被指定管辖的公安机关和其他有关的公安机关。

原受理案件的公安机关自收到上级公安机关书面通知之日起不再行使管辖权，并立即将案卷材料移送被指定管辖的公安机关或者办理的上级公安机关，及时书面通知当事人。

第十六条 铁路公安机关管辖列车上，火车站工作区域内，铁路系统的机关、厂、段、所、队等单位内发生的行政案件，以及在铁路线上放置障碍物或者损毁、移动铁路设施等可能影响铁路运输安全、盗窃铁路设施的行政案件。对倒卖、伪造、变造火车票案件，由最初受理的铁路或者地方公安机关管辖。必要时，可以移送主要违法行为发生地的铁路或者地方公安机关管辖。

交通公安机关管辖港航管理机构管理的轮船上、港口、码头工作区域内和港航系统的机关、厂、所、队等单位内发生的行政案件。

民航公安机关管辖民航管理机构管理的机场工作区域以及民航系统的机关、厂、所、队等单位内和民航飞机上发生的行政案件。

国有林区的森林公安机关管辖林区内发生的行政案件。

海关缉私机构管辖阻碍海关缉私警察依法执行职务的治安案件。

第三章 回 避

第十七条 公安机关负责人、办案人民警察有下列情形之一的，应当自行提出回避申请，案件当事人及其法定代理人有权要求他们回避：

（一）是本案的当事人或者当事人近亲属的；

（二）本人或者其近亲属与本案有利害关系的；

（三）与本案当事人有其他关系，可能影响案件公正处理的。

第十八条 公安机关负责人、办案人民警察提出回避申请的，应当说明理由。

第十九条 办案人民警察的回避，由其所属的公安机关决定；公安机关负责人的回避，由上一级公安机关决定。

第二十条 当事人及其法定代理人要求公安机关负责人、办案人民警察回避的，应当提出申请，并说明理由。口头提出申请的，公安机关应当记录在案。

第二十一条 对当事人及其法定代理人提出的回避申请，公安机关应当在收到申请之日起二日内作出决定并通知申请人。

第二十二条 公安机关负责人、办案人民警察具有应当回避的情形之一，本人没有申请回避，当事人及其法定代理人也没有申请其回避的，有权决定其回避的公安机关可以指令其回避。

第二十三条 在行政案件调查过程中，鉴定人和翻译人员需要回避的，适用本章的规定。

鉴定人、翻译人员的回避，由指派或者聘请的公安机关决定。

第二十四条 在公安机关作出回避决定前，办案人民警察不得停止对行政案件的调查。

作出回避决定后，公安机关负责人、办案人民警察不得再参与该行政案件的调查和审核、审批工作。

第二十五条 被决定回避的公安机关负责人、办案人民警察、鉴定人和翻译人员，在回避决定作出前所进行的与案件有关的活动是否有效，由作出回避决定的公安机关根据是否影响案件依法公正处理等情况决定。

第四章 证 据

第二十六条 可以用于证明案件事实的材料，都是证据。公安机关办理行政案件的证据包括：

（一）物证；

（二）书证；

（三）被侵害人陈述和其他证人证言；

（四）违法嫌疑人的陈述和申辩；

（五）鉴定意见；

（六）勘验、检查、辨认笔录，现场笔录；

（七）视听资料、电子数据。

证据必须经过查证属实，才能作为定案的根据。

第二十七条 公安机关必须依照法定程序，收集能够证实违法嫌疑人是否违法、违法情节轻重的证据。

严禁刑讯逼供和以威胁、欺骗等非法方法收集证据。采用刑讯逼供等非法方法收集的违法嫌疑人的陈述和申辩以及采用暴力、威胁等非法方法收集的被侵害人陈述、其他证人证言，不能作为定案的根据。收集物证、书证不符合法定程序，可能严重影响执法公正的，应当予以补正或者作出合理解释；不能补正或者作出合理解释的，不能作为定案的根据。

第二十八条 公安机关向有关单位和个人收集、调取证据时，应当告知其必须如实提供证据，并告知其伪造、隐匿、毁灭证据，提供虚假证词应当承担的法律责任。

需要向有关单位和个人调取证据的，经公安机关办案部门负责人批准，开具调取证据通知书，明确调取的证据和提供时限。被调取人应当在通知书上盖章或者签名，被调取人拒绝的，公安机关应当注明。必要时，公安机关应当采用录音、录像等方式固定证据内容及取证过程。

需要向有关单位紧急调取证据的，公安机关可以在电话告知人民警察身份的同时，将调取证据通知书连同办案人民警察的人民警察证复印件通过传真、互联网通讯工具等方式送达有关单位。

第二十九条 收集调取的物证应当是原物。在原物不便搬运、不易保存或者依法应当由有关部门保管、处理或者依法应当返还时，可以拍摄或者制作足以反映原物外形或者内容的照片、录像。

物证的照片、录像，经与原物核实无误或者经鉴定证明为真实的，可以作为证据使用。

第三十条 收集、调取的书证应当是原件。在取得原件确有困难时，可以使用副本或者复制件。

书证的副本、复制件，经与原件核实无误或者经鉴定证明为真实的，可以作为证据使用。书证有更改或者更改迹象不能作出合理解释的，或者书证的副本、复制件不能反映书证原件及其内容的，不能作为证据使用。

第三十一条 物证的照片、录像，书证的副本、复制件，视听资料的复制件，应当附有关制作过程及原件、原物存放处的文字说明，并由制作人和物品持有人或者持有单位有关人员签名。

第三十二条 收集电子数据，能够扣押电子数据原始存储介质的，应当扣押。

无法扣押原始存储介质的，可以提取电子数据。提取电子数据，应当制作笔录，并附电子数据清单，由办案人民警察、电子数据持有人签名。持有人无法或者拒绝签名的，应当在笔录中注明。

由于客观原因无法或者不宜依照前两款规定收集电子数据的，可以采取打印、拍照或者录像等方式固定相关证据，并附有关原因、过程等情况的文字说明，由办案人民警察、电子数据持有人签名。持有人无法或者拒绝签名的，应当注明情况。

第三十三条 刑事案件转为行政案件办理的，刑事案件办理过程中收集的证据材料，可以作为行政案件的证据使用。

第三十四条 凡知道案件情况的人，都有作证的义务。

生理上、精神上有缺陷或者年幼，不能辨别是非、不能正确表达的人，不能作为证人。

第五章 期间与送达

第三十五条 期间以时、日、月、年计算，期间开始之时或者日不计算在内。法律文书送达的期间不包括路途上的时间。期间的最后一日是节假日的，以节假日后的第一日为期满日期，但违法行为人被限制人身自由的期间，应当至期满之日为止，不得因节假日而延长。

第三十六条　送达法律文书，应当遵守下列规定：

（一）依照简易程序作出当场处罚决定的，应当将决定书当场交付被处罚人，并由被处罚人在备案的决定书上签名或者捺指印；被处罚人拒绝的，由办案人民警察在备案的决定书上注明；

（二）除本款第一项规定外，作出行政处罚决定和其他行政处理决定，应当在宣告后将决定书当场交付被处理人，并由被处理人在附卷的决定书上签名或者捺指印，即为送达；被处理人拒绝的，由办案人民警察在附卷的决定书上注明；被处理人不在场的，公安机关应当在作出决定的七日内将决定书送达被处理人，治安管理处罚决定应当在二日内送达。

送达法律文书应当首先采取直接送达方式，交给受送达人本人；受送达人不在的，可以交付其成年家属、所在单位的负责人员或者其居住地居（村）民委员会代收。受送达人本人或者代收人拒绝接收或者拒绝签名和捺指印的，送达人可以邀请其邻居或者其他见证人到场，说明情况，也可以对拒收情况进行录音录像，把文书留在受送达人处，在附卷的法律文书上注明拒绝的事由、送达日期，由送达人、见证人签名或者捺指印，即视为送达。

无法直接送达的，委托其他公安机关代为送达，或者邮寄送达。经受送达人同意，可以采用传真、互联网通讯工具等能够确认其收悉的方式送达。

经采取上述送达方式仍无法送达的，可以公告送达。公告的范围和方式应当便于公民知晓，公告期限不得少于六十日。

第六章　简易程序和快速办理

第一节　简易程序

第三十七条　违法事实确凿，且具有下列情形之一的，人民警察可以当场作出处罚决定，有违禁品的，可以当场收缴：

（一）对违反治安管理行为人或者道路交通违法行为人处二百元以下罚款或者警告的；

（二）出入境边防检查机关对违反出境入境管理行为人处五百元以下罚款或者警告的；

（三）对有其他违法行为的个人处五十元以下罚款或者警告、对单位处一千元以下罚款或者警告的；

（四）法律规定可以当场处罚的其他情形。

涉及卖淫、嫖娼、赌博、毒品的案件，不适用当场处罚。

第三十八条　当场处罚，应当按照下列程序实施：

（一）向违法行为人表明执法身份；

（二）收集证据；

（三）口头告知违法行为人拟作出行政处罚决定的事实、理由和依据，并告知违法行为人依法享有的陈述权和申辩权；

（四）充分听取违法行为人的陈述和申辩。违法行为人提出的事实、理由或者证据成立的，应当采纳；

（五）填写当场处罚决定书并当场交付被处罚人；

（六）当场收缴罚款的，同时填写罚款收据，交付被处罚人；未当场收缴罚款的，应当告知被处罚人在规定期限内到指定的银行缴纳罚款。

第三十九条　适用简易程序处罚的，可以由人民警察一人作出行政处罚决定。

人民警察当场作出行政处罚决定的，应当于作出决定后的二十四小时内将当场处罚决定书报所属公安机关备案，交通警察应当于作出决定后的二日内报所属公安机关交通管理部门备案。在旅客列车、民航飞机、水上作出行政处罚决定的，应当在返回后的二十四小时内报所属公安机关备案。

第二节　快速办理

第四十条　对不适用简易程序，但事实清楚，违法嫌疑人自愿认错认罚，且对违法事实和法律适用没有异议的行政案件，公安机关可以通过简化取证方式和审核审批手续等措施快速办理。

第四十一条　行政案件具有下列情形之一的，不适用快速办理：
（一）违法嫌疑人系盲、聋、哑人，未成年人或者疑似精神病人的；
（二）依法应当适用听证程序的；
（三）可能作出十日以上行政拘留处罚的；
（四）其他不宜快速办理的。

第四十二条　快速办理行政案件前，公安机关应当书面告知违法嫌疑人快速办理的相关规定，征得其同意，并由其签名确认。

第四十三条　对符合快速办理条件的行政案件，违法嫌疑人在自行书写材料或者询问笔录中承认违法事实、认错认罚，并有视音频记录、电子数据、检查笔录等关键证据能够相互印证的，公安机关可以不再开展其他调查取证工作。

第四十四条　对适用快速办理的行政案件，可以由专兼职法制员或者办案部门负责人审核后，报公安机关负责人审批。

第四十五条　对快速办理的行政案件，公安机关可以根据不同案件类型，使用简明扼要的格式询问笔录，尽量减少需要文字记录的内容。

被询问人自行书写材料的,办案单位可以提供样式供其参考。

使用执法记录仪等设备对询问过程录音录像的,可以替代书面询问笔录,必要时,对视听资料的关键内容和相应时间段等作文字说明。

第四十六条 对快速办理的行政案件,公安机关可以根据违法行为人认错悔改、纠正违法行为、赔偿损失以及被侵害人谅解情况等情节,依法对违法行为人从轻、减轻处罚或者不予行政处罚。

对快速办理的行政案件,公安机关可以采用口头方式履行处罚前告知程序,由办案人民警察在案卷材料中注明告知情况,并由被告知人签名确认。

第四十七条 对快速办理的行政案件,公安机关应当在违法嫌疑人到案后四十八小时内作出处理决定。

第四十八条 公安机关快速办理行政案件时,发现不适宜快速办理的,转为一般案件办理。快速办理阶段依法收集的证据,可以作为定案的根据。

第七章 调查取证

第一节 一般规定

第四十九条 对行政案件进行调查时,应当合法、及时、客观、全面地收集、调取证据材料,并予以审查、核实。

第五十条 需要调查的案件事实包括:

(一)违法嫌疑人的基本情况;

(二)违法行为是否存在;

(三)违法行为是否为违法嫌疑人实施;

(四)实施违法行为的时间、地点、手段、后果以及其他情节;

（五）违法嫌疑人有无法定从重、从轻、减轻以及不予行政处罚的情形；

（六）与案件有关的其他事实。

第五十一条 公安机关调查取证时，应当防止泄露工作秘密。

第五十二条 公安机关进行询问、辨认、检查、勘验，实施行政强制措施等调查取证工作时，人民警察不得少于二人，并表明执法身份。

接报案、受案登记、接受证据、信息采集、调解、送达文书等工作，可以由一名人民警察带领警务辅助人员进行，但应当全程录音录像。

第五十三条 对查获或者到案的违法嫌疑人应当进行安全检查，发现违禁品或者管制器具、武器、易燃易爆等危险品以及与案件有关的需要作为证据的物品的，应当立即扣押；对违法嫌疑人随身携带的与案件无关的物品，应当按照有关规定予以登记、保管、退还。安全检查不需要开具检查证。

前款规定的扣押适用本规定第五十五条和第五十六条以及本章第七节的规定。

第五十四条 办理行政案件时，可以依法采取下列行政强制措施：

（一）对物品、设施、场所采取扣押、扣留、查封、先行登记保存、抽样取证、封存文件资料等强制措施，对恐怖活动嫌疑人的存款、汇款、债券、股票、基金份额等财产还可以采取冻结措施；

（二）对违法嫌疑人采取保护性约束措施、继续盘问、强制传唤、强制检测、拘留审查、限制活动范围，对恐怖活动嫌疑人采取约束措施等强制措施。

第五十五条 实施行政强制措施应当遵守下列规定：

（一）实施前须依法向公安机关负责人报告并经批准；

（二）通知当事人到场，当场告知当事人采取行政强制措施的理由、依据以及当事人依法享有的权利、救济途径。当事人不到场的，邀请见证人到场，并在现场笔录中注明；

（三）听取当事人的陈述和申辩；

（四）制作现场笔录，由当事人和办案人民警察签名或者盖章，当事人拒绝的，在笔录中注明。当事人不在场的，由见证人和办案人民警察在笔录上签名或者盖章；

（五）实施限制公民人身自由的行政强制措施的，应当当场告知当事人家属实施强制措施的公安机关、理由、地点和期限；无法当场告知的，应当在实施强制措施后立即通过电话、短信、传真等方式通知；身份不明、拒不提供家属联系方式或者因自然灾害等不可抗力导致无法通知的，可以不予通知。告知、通知家属情况或者无法通知家属的原因应当在询问笔录中注明；

（六）法律、法规规定的其他程序。

勘验、检查时实施行政强制措施，制作勘验、检查笔录的，不再制作现场笔录。

实施行政强制措施的全程录音录像，已经具备本条第一款第二项、第三项规定的实质要素的，可以替代书面现场笔录，但应当对视听资料的关键内容和相应时间段等作文字说明。

第五十六条 情况紧急，当场实施行政强制措施的，办案人民警察应当在二十四小时内依法向其所属的公安机关负责人报告，并补办批准手续。当场实施限制公民人身自由的行政强制措施的，办案人民警察应当在返回单位后立即报告，并补办批准手续。公安机关负责人认为不应当采取行政强制措施的，应当立即解除。

第五十七条 为维护社会秩序，人民警察对有违法嫌疑的人员，经表明执法身份后,可以当场盘问、检查。对当场盘问、检查后,不能排除其违法嫌疑,依法可以适用继续盘问的,可以将其带至公安机关,经公安派出所负责人批准,对其继续盘问。对违反出境入境管理的嫌疑人依法适用继续盘问的,应当经县级以上公安机关或者出入境边防检查机关负责人批准。

继续盘问的时限一般为十二小时;对在十二小时以内确实难以证实或者排除其违法犯罪嫌疑的,可以延长至二十四小时;对不讲真实姓名、住址、身份,且在二十四小时以内仍不能证实或者排除其违法犯罪嫌疑的,可以延长至四十八小时。

第五十八条 违法嫌疑人在醉酒状态中,对本人有危险或者对他人的人身、财产或者公共安全有威胁的,可以对其采取保护性措施约束至酒醒,也可以通知其家属、亲友或者所属单位将其领回看管,必要时,应当送医院醒酒。对行为举止失控的醉酒人,可以使用约束带或者警绳等进行约束,但是不得使用手铐、脚镣等警械。

约束过程中,应当指定专人严加看护。确认醉酒人酒醒后,应当立即解除约束,并进行询问。约束时间不计算在询问查证时间内。

第五十九条 对恐怖活动嫌疑人实施约束措施,应当遵守下列规定:

(一)实施前须经县级以上公安机关负责人批准;

(二)告知嫌疑人采取约束措施的理由、依据以及其依法享有的权利、救济途径;

(三)听取嫌疑人的陈述和申辩;

(四)出具决定书。

公安机关可以采取电子监控、不定期检查等方式对被约束人遵守约束措施的情况进行监督。

约束措施的期限不得超过三个月。对不需要继续采取约束措施的,应当及时解除并通知被约束人。

第二节 受 案

第六十条 县级公安机关及其公安派出所、依法具有独立执法主体资格的公安机关业务部门以及出入境边防检查站对报案、控告、举报、群众扭送或者违法嫌疑人投案,以及其他国家机关移送的案件,应当及时受理并按照规定进行网上接报案登记。对重复报案、案件正在办理或者已经办结的,应当向报案人、控告人、举报人、扭送人、投案人作出解释,不再登记。

第六十一条 公安机关应当对报案、控告、举报、群众扭送或者违法嫌疑人投案分别作出下列处理,并将处理情况在接报案登记中注明:

(一)对属于本单位管辖范围内的案件,应当立即调查处理,制作受案登记表和受案回执,并将受案回执交报案人、控告人、举报人、扭送人;

(二)对属于公安机关职责范围,但不属于本单位管辖的,应当在二十四小时内移送有管辖权的单位处理,并告知报案人、控告人、举报人、扭送人、投案人;

(三)对不属于公安机关职责范围的事项,在接报案时能够当场判断的,应当立即口头告知报案人、控告人、举报人、扭送人、投案人向其他主管机关报案或者投案,报案人、控告人、举报人、扭送人、投案人对口头告知内容有异议或者不能当场判断的,应当书面告知,但因没有联系方式、身份不明等客观原因无法书面告知的除外。

在日常执法执勤中发现的违法行为,适用前款规定。

第六十二条 属于公安机关职责范围但不属于本单位管辖的案件,具有下列情形之一的,受理案件或者发现案件的公安机关及其人民警察应当依法先行采取必要的强制措施或者其他处置措施,再移送有管辖权的单位处理:

(一)违法嫌疑人正在实施危害行为的;

(二)正在实施违法行为或者违法后即时被发现的现行犯被扭送至公安机关的;

(三)在逃的违法嫌疑人已被抓获或者被发现的;

(四)有人员伤亡,需要立即采取救治措施的;

(五)其他应当采取紧急措施的情形。

行政案件移送管辖的,询问查证时间和扣押等措施的期限重新计算。

第六十三条 报案人不愿意公开自己的姓名和报案行为的,公安机关应当在受案登记时注明,并为其保密。

第六十四条 对报案人、控告人、举报人、扭送人、投案人提供的有关证据材料、物品等应当登记,出具接受证据清单,并妥善保管。必要时,应当拍照、录音、录像。移送案件时,应当将有关证据材料和物品一并移交。

第六十五条 对发现或者受理的案件暂时无法确定为刑事案件或者行政案件的,可以按照行政案件的程序办理。在办理过程中,认为涉嫌构成犯罪的,应当按照《公安机关办理刑事案件程序规定》办理。

第三节 询 问

第六十六条 询问违法嫌疑人,可以到违法嫌疑人住处或者单位进行，也可以将违法嫌疑人传唤到其所在市、县内的指定地点进行。

第六十七条　需要传唤违法嫌疑人接受调查的，经公安派出所、县级以上公安机关办案部门或者出入境边防检查机关负责人批准，使用传唤证传唤。对现场发现的违法嫌疑人，人民警察经出示人民警察证，可以口头传唤，并在询问笔录中注明违法嫌疑人到案经过、到案时间和离开时间。

单位违反公安行政管理规定，需要传唤其直接负责的主管人员和其他直接责任人员的，适用前款规定。

对无正当理由不接受传唤或者逃避传唤的违反治安管理、出境入境管理的嫌疑人以及法律规定可以强制传唤的其他违法嫌疑人，经公安派出所、县级以上公安机关办案部门或者出入境边防检查机关负责人批准，可以强制传唤。强制传唤时，可以依法使用手铐、警绳等约束性警械。

公安机关应当将传唤的原因和依据告知被传唤人，并通知其家属。公安机关通知被传唤人家属适用本规定第五十五条第一款第五项的规定。

第六十八条　使用传唤证传唤的，违法嫌疑人被传唤到案后和询问查证结束后，应当由其在传唤证上填写到案和离开时间并签名。拒绝填写或者签名的，办案人民警察应当在传唤证上注明。

第六十九条　对被传唤的违法嫌疑人，应当及时询问查证，询问查证的时间不得超过八小时；案情复杂，违法行为依法可能适用行政拘留处罚的，询问查证的时间不得超过二十四小时。

不得以连续传唤的形式变相拘禁违法嫌疑人。

第七十条　对于投案自首或者群众扭送的违法嫌疑人，公安机关应当立即进行询问查证，并在询问笔录中记明违法嫌疑人到案经过、到案和离开时间。询问查证时间适用本规定第六十九条第一款的规定。

对于投案自首或者群众扭送的违法嫌疑人，公安机关应当适用本规定第五十五条第一款第五项的规定通知其家属。

第七十一条 在公安机关询问违法嫌疑人，应当在办案场所进行。

询问查证期间应当保证违法嫌疑人的饮食和必要的休息时间，并在询问笔录中注明。

在询问查证的间隙期间，可以将违法嫌疑人送入候问室，并按照候问室的管理规定执行。

第七十二条 询问违法嫌疑人、被侵害人或者其他证人，应当个别进行。

第七十三条 首次询问违法嫌疑人时，应当问明违法嫌疑人的姓名、出生日期、户籍所在地、现住址、身份证件种类及号码，是否为各级人民代表大会代表，是否受过刑事处罚或者行政拘留、强制隔离戒毒、社区戒毒、收容教养等情况。必要时，还应当问明其家庭主要成员、工作单位、文化程度、民族、身体状况等情况。

违法嫌疑人为外国人的，首次询问时还应当问明其国籍、出入境证件种类及号码、签证种类、入境时间、入境事由等情况。必要时，还应当问明其在华关系人等情况。

第七十四条 询问时，应当告知被询问人必须如实提供证据、证言和故意作伪证或者隐匿证据应负的法律责任，对与本案无关的问题有拒绝回答的权利。

第七十五条 询问未成年人时，应当通知其父母或者其他监护人到场，其父母或者其他监护人不能到场的，也可以通知未成年人的其他成年亲属，所在学校、单位、居住地基层组织或者未成年人保护组织的代表到场,并将有关情况记录在案。确实无法通知或者通知后未到场的,应当在询问笔录中注明。

第七十六条 询问聋哑人,应当有通晓手语的人提供帮助,并在询问笔录中注明被询问人的聋哑情况以及翻译人员的姓名、住址、工作单位和联系方式。

对不通晓当地通用的语言文字的被询问人,应当为其配备翻译人员,并在询问笔录中注明翻译人员的姓名、住址、工作单位和联系方式。

第七十七条 询问笔录应当交被询问人核对,对没有阅读能力的,应当向其宣读。记录有误或者遗漏的,应当允许被询问人更正或者补充,并要求其在修改处捺指印。被询问人确认笔录无误后,应当在询问笔录上逐页签名或者捺指印。拒绝签名和捺指印的,办案人民警察应当在询问笔录中注明。

办案人民警察应当在询问笔录上签名,翻译人员应当在询问笔录的结尾处签名。

询问时,可以全程录音、录像,并保持录音、录像资料的完整性。

第七十八条 询问违法嫌疑人时,应当听取违法嫌疑人的陈述和申辩。对违法嫌疑人的陈述和申辩,应当核查。

第七十九条 询问被侵害人或者其他证人,可以在现场进行,也可以到其单位、学校、住所、其居住地居(村)民委员会或者其提出的地点进行。必要时,也可以书面、电话或者当场通知其到公安机关提供证言。

在现场询问的,办案人民警察应当出示人民警察证。

询问前,应当了解被询问人的身份以及其与被侵害人、其他证人、违法嫌疑人之间的关系。

第八十条　违法嫌疑人、被侵害人或者其他证人请求自行提供书面材料的，应当准许。必要时，办案人民警察也可以要求违法嫌疑人、被侵害人或者其他证人自行书写。违法嫌疑人、被侵害人或者其他证人应当在其提供的书面材料的结尾处签名或者捺指印。对打印的书面材料，违法嫌疑人、被侵害人或者其他证人应当逐页签名或者捺指印。办案人民警察收到书面材料后，应当在首页注明收到日期，并签名。

第四节　勘验、检查

第八十一条　对于违法行为案发现场，必要时应当进行勘验，提取与案件有关的证据材料，判断案件性质，确定调查方向和范围。

现场勘验参照刑事案件现场勘验的有关规定执行。

第八十二条　对与违法行为有关的场所、物品、人身可以进行检查。检查时，人民警察不得少于二人，并应当出示人民警察证和县级以上公安机关开具的检查证。对确有必要立即进行检查的，人民警察经出示人民警察证，可以当场检查；但检查公民住所的，必须有证据表明或者有群众报警公民住所内正在发生危害公共安全或者公民人身安全的案（事）件，或者违法存放危险物质，不立即检查可能会对公共安全或者公民人身、财产安全造成重大危害。

对机关、团体、企业、事业单位或者公共场所进行日常执法监督检查，依照有关法律、法规和规章执行，不适用前款规定。

第八十三条　对违法嫌疑人，可以依法提取或者采集肖像、指纹等人体生物识别信息；涉嫌酒后驾驶机动车、吸毒、从事恐怖活动等违法行为的，可以依照《中华人民共和国道路交通安全法》《中华人民共和国禁毒法》《中华人民共和国反恐怖主义法》等规定提取或者采集血液、尿液、毛发、脱落细胞等生物样本。人身安全检查和当场检查时已经提取、采集的信息，不再提取、采集。

第八十四条 对违法嫌疑人进行检查时，应当尊重被检查人的人格尊严，不得以有损人格尊严的方式进行检查。

检查妇女的身体，应当由女性工作人员进行。

依法对卖淫、嫖娼人员进行性病检查，应当由医生进行。

第八十五条 检查场所或者物品时，应当注意避免对物品造成不必要的损坏。

检查场所时，应当有被检查人或者见证人在场。

第八十六条 检查情况应当制作检查笔录。检查笔录由检查人员、被检查人或者见证人签名；被检查人不在场或者拒绝签名的，办案人民警察应当在检查笔录中注明。

检查时的全程录音录像可以替代书面检查笔录，但应当对视听资料的关键内容和相应时间段等作文字说明。

第五节 鉴　　定

第八十七条 为了查明案情，需要对专门性技术问题进行鉴定的，应当指派或者聘请具有专门知识的人员进行。

需要聘请本公安机关以外的人进行鉴定的，应当经公安机关办案部门负责人批准后，制作鉴定聘请书。

第八十八条 公安机关应当为鉴定提供必要的条件，及时送交有关检材和比对样本等原始材料，介绍与鉴定有关的情况，并且明确提出要求鉴定解决的问题。

办案人民警察应当做好检材的保管和送检工作，并注明检材送检环节的责任人，确保检材在流转环节中的同一性和不被污染。

禁止强迫或者暗示鉴定人作出某种鉴定意见。

第八十九条 对人身伤害的鉴定由法医进行。

卫生行政主管部门许可的医疗机构具有执业资格的医生出具的诊断证明，可以作为公安机关认定人身伤害程度的依据，但具有本规定第九十条规定情形的除外。

对精神病的鉴定，由有精神病鉴定资格的鉴定机构进行。

第九十条 人身伤害案件具有下列情形之一的，公安机关应当进行伤情鉴定：

（一）受伤程度较重，可能构成轻伤以上伤害程度的；

（二）被侵害人要求作伤情鉴定的；

（三）违法嫌疑人、被侵害人对伤害程度有争议的。

第九十一条 对需要进行伤情鉴定的案件，被侵害人拒绝提供诊断证明或者拒绝进行伤情鉴定的，公安机关应当将有关情况记录在案，并可以根据已认定的事实作出处理决定。

经公安机关通知，被侵害人无正当理由未在公安机关确定的时间内作伤情鉴定的，视为拒绝鉴定。

第九十二条 对电子数据涉及的专门性问题难以确定的，由司法鉴定机构出具鉴定意见，或者由公安部指定的机构出具报告。

第九十三条 涉案物品价值不明或者难以确定的，公安机关应当委托价格鉴证机构估价。

根据当事人提供的购买发票等票据能够认定价值的涉案物品，或者价值明显不够刑事立案标准的涉案物品，公安机关可以不进行价格鉴证。

第九十四条 对涉嫌吸毒的人员，应当进行吸毒检测，被检测人员应当配合；对拒绝接受检测的，经县级以上公安机关或者其派出机构负责人批准，可以强制检测。采集女性被检测人检测样本，应当由女性工作人员进行。

对涉嫌服用国家管制的精神药品、麻醉药品驾驶机动车的人员，可以对其进行体内国家管制的精神药品、麻醉药品含量检验。

第九十五条 对有酒后驾驶机动车嫌疑的人，应当对其进行呼气酒精测试，对具有下列情形之一的，应当立即提取血样，检验血液酒精含量：

（一）当事人对呼气酒精测试结果有异议的；

（二）当事人拒绝配合呼气酒精测试的；

（三）涉嫌醉酒驾驶机动车的；

（四）涉嫌饮酒后驾驶机动车发生交通事故的。

当事人对呼气酒精测试结果无异议的，应当签字确认。事后提出异议的，不予采纳。

第九十六条 鉴定人鉴定后，应当出具鉴定意见。鉴定意见应当载明委托人、委托鉴定的事项、提交鉴定的相关材料、鉴定的时间、依据和结论性意见等内容，并由鉴定人签名或者盖章。通过分析得出鉴定意见的，应当有分析过程的说明。鉴定意见应当附有鉴定机构和鉴定人的资质证明或者其他证明文件。

鉴定人对鉴定意见负责，不受任何机关、团体、企业、事业单位和个人的干涉。多人参加鉴定，对鉴定意见有不同意见的，应当注明。

鉴定人故意作虚假鉴定的，应当承担法律责任。

第九十七条 办案人民警察应当对鉴定意见进行审查。

对经审查作为证据使用的鉴定意见，公安机关应当在收到鉴定意见之日起五日内将鉴定意见复印件送达违法嫌疑人和被侵害人。

医疗机构出具的诊断证明作为公安机关认定人身伤害程度的依据的，应当将诊断证明结论书面告知违法嫌疑人和被侵害人。

违法嫌疑人或者被侵害人对鉴定意见有异议的，可以在收到鉴定意见复印件之日起三日内提出重新鉴定的申请，经县级以上公安机关批准后，进行重新鉴定。同一行政案件的同一事项重新鉴定以一次为限。

当事人是否申请重新鉴定，不影响案件的正常办理。

公安机关认为必要时，也可以直接决定重新鉴定。

第九十八条 具有下列情形之一的，应当进行重新鉴定：

（一）鉴定程序违法或者违反相关专业技术要求，可能影响鉴定意见正确性的；

（二）鉴定机构、鉴定人不具备鉴定资质和条件的；

（三）鉴定意见明显依据不足的；

（四）鉴定人故意作虚假鉴定的；

（五）鉴定人应当回避而没有回避的；

（六）检材虚假或者被损坏的；

（七）其他应当重新鉴定的。

不符合前款规定情形的，经县级以上公安机关负责人批准，作出不准予重新鉴定的决定，并在作出决定之日起的三日以内书面通知申请人。

第九十九条 重新鉴定，公安机关应当另行指派或者聘请鉴定人。

第一百条 鉴定费用由公安机关承担，但当事人自行鉴定的除外。

第六节 辨　　认

第一百零一条 为了查明案情，办案人民警察可以让违法嫌疑人、被侵害人或者其他证人对与违法行为有关的物品、场所或者违法嫌疑人进行辨认。

第一百零二条 辨认由二名以上办案人民警察主持。

组织辨认前,应当向辨认人详细询问辨认对象的具体特征,并避免辨认人见到辨认对象。

第一百零三条 多名辨认人对同一辨认对象或者一名辨认人对多名辨认对象进行辨认时,应当个别进行。

第一百零四条 辨认时,应当将辨认对象混杂在特征相类似的其他对象中,不得给辨认人任何暗示。

辨认违法嫌疑人时,被辨认的人数不得少于七人;对违法嫌疑人照片进行辨认的,不得少于十人的照片。

辨认每一件物品时,混杂的同类物品不得少于五件。

同一辨认人对与同一案件有关的辨认对象进行多组辨认的,不得重复使用陪衬照片或者陪衬人。

第一百零五条 辨认人不愿意暴露身份的,对违法嫌疑人的辨认可以在不暴露辨认人的情况下进行,公安机关及其人民警察应当为其保守秘密。

第一百零六条 辨认经过和结果,应当制作辨认笔录,由办案人民警察和辨认人签名或者捺指印。必要时,应当对辨认过程进行录音、录像。

第七节 证据保全

第一百零七条 对下列物品,经公安机关负责人批准,可以依法扣押或者扣留:

(一)与治安案件、违反出境入境管理的案件有关的需要作为证据的物品;

(二)道路交通安全法律、法规规定适用扣留的车辆、机动车驾驶证;

(三)《中华人民共和国反恐怖主义法》等法律、法规规定适用扣押或者扣留的物品。

对下列物品，不得扣押或者扣留：

（一）与案件无关的物品；

（二）公民个人及其所扶养家属的生活必需品；

（三）被侵害人或者善意第三人合法占有的财产。

对具有本条第二款第二项、第三项情形的，应当予以登记，写明登记财物的名称、规格、数量、特征，并由占有人签名或者捺指印。必要时，可以进行拍照。但是，与案件有关必须鉴定的，可以依法扣押，结束后应当立即解除。

第一百零八条 办理下列行政案件时，对专门用于从事无证经营活动的场所、设施、物品，经公安机关负责人批准，可以依法查封。但对与违法行为无关的场所、设施，公民个人及其扶养家属的生活必需品不得查封：

（一）擅自经营按照国家规定需要由公安机关许可的行业的；

（二）依照《娱乐场所管理条例》可以由公安机关采取取缔措施的；

（三）《中华人民共和国反恐怖主义法》等法律、法规规定适用查封的其他公安行政案件。

场所、设施、物品已被其他国家机关依法查封的，不得重复查封。

第一百零九条 收集证据时，经公安机关办案部门负责人批准，可以采取抽样取证的方法。

抽样取证应当采取随机的方式，抽取样品的数量以能够认定本品的品质特征为限。

抽样取证时，应当对抽样取证的现场、被抽样物品及被抽取的样品进行拍照或者对抽样过程进行录像。

对抽取的样品应当及时进行检验。经检验,能够作为证据使用的,应当依法扣押、先行登记保存或者登记;不属于证据的,应当及时返还样品。样品有减损的,应当予以补偿。

第一百一十条　在证据可能灭失或者以后难以取得的情况下,经公安机关办案部门负责人批准,可以先行登记保存。

先行登记保存期间,证据持有人及其他人员不得损毁或者转移证据。

对先行登记保存的证据,应当在七日内作出处理决定。逾期不作出处理决定的,视为自动解除。

第一百一十一条　实施扣押、扣留、查封、抽样取证、先行登记保存等证据保全措施时,应当会同当事人查点清楚,制作并当场交付证据保全决定书。必要时,应当对采取证据保全措施的证据进行拍照或者对采取证据保全的过程进行录像。证据保全决定书应当载明下列事项:

(一)当事人的姓名或者名称、地址;

(二)抽样取证、先行登记保存、扣押、扣留、查封的理由、依据和期限;

(三)申请行政复议或者提起行政诉讼的途径和期限;

(四)作出决定的公安机关的名称、印章和日期。

证据保全决定书应当附清单,载明被采取证据保全措施的场所、设施、物品的名称、规格、数量、特征等,由办案人民警察和当事人签名后,一份交当事人,一份附卷。有见证人的,还应当由见证人签名。当事人或者见证人拒绝签名的,办案人民警察应当在证据保全清单上注明。

对可以作为证据使用的录音带、录像带,在扣押时应当予以检查,记明案由、内容以及录取和复制的时间、地点等,并妥为保管。

对扣押的电子数据原始存储介质，应当封存，保证在不解除封存状态的情况下，无法增加、删除、修改电子数据，并在证据保全清单中记录封存状态。

第一百一十二条 扣押、扣留、查封期限为三十日，情况复杂的，经县级以上公安机关负责人批准，可以延长三十日；法律、行政法规另有规定的除外。延长扣押、扣留、查封期限的，应当及时书面告知当事人，并说明理由。

对物品需要进行鉴定的，鉴定期间不计入扣押、扣留、查封期间，但应当将鉴定的期间书面告知当事人。

第一百一十三条 公安机关对恐怖活动嫌疑人的存款、汇款、债券、股票、基金份额等财产采取冻结措施的，应当经县级以上公安机关负责人批准，向金融机构交付冻结通知书。

作出冻结决定的公安机关应当在三日内向恐怖活动嫌疑人交付冻结决定书。冻结决定书应当载明下列事项：

（一）恐怖活动嫌疑人的姓名或者名称、地址；

（二）冻结的理由、依据和期限；

（三）冻结的账号和数额；

（四）申请行政复议或者提起行政诉讼的途径和期限；

（五）公安机关的名称、印章和日期。

第一百一十四条 自被冻结之日起二个月内，公安机关应当作出处理决定或者解除冻结；情况复杂的，经上一级公安机关负责人批准，可以延长一个月。

延长冻结的决定应当及时书面告知恐怖活动嫌疑人，并说明理由。

第一百一十五条 有下列情形之一的，公安机关应当立即退还财物，并由当事人签名确认；不涉及财物退还的，应当书面通知当

事人解除证据保全:

(一) 当事人没有违法行为的;

(二) 被采取证据保全的场所、设施、物品、财产与违法行为无关的;

(三) 已经作出处理决定,不再需要采取证据保全措施的;

(四) 采取证据保全措施的期限已经届满的;

(五) 其他不再需要采取证据保全措施的。

作出解除冻结决定的,应当及时通知金融机构。

第一百一十六条 行政案件变更管辖时,与案件有关的财物及其孳息应当随案移交,并书面告知当事人。移交时,由接收人、移交人当面查点清楚,并在交接单据上共同签名。

第八节 办案协作

第一百一十七条 办理行政案件需要异地公安机关协作的,应当制作办案协作函件。负责协作的公安机关接到请求协作的函件后,应当办理。

第一百一十八条 需要到异地执行传唤的,办案人民警察应当持传唤证、办案协作函件和人民警察证,与协作地公安机关联系,在协作地公安机关的协作下进行传唤。协作地公安机关应当协助将违法嫌疑人传唤到其所在市、县内的指定地点或者到其住处、单位进行询问。

第一百一十九条 需要异地办理检查、查询,查封、扣押或者冻结与案件有关的财物、文件的,应当持相关的法律文书、办案协作函件和人民警察证,与协作地公安机关联系,协作地公安机关应当协助执行。

在紧急情况下,可以将办案协作函件和相关的法律文书传真或者通过执法办案信息系统发送至协作地公安机关,协作地公安机关应当及时采取措施。办案地公安机关应当立即派员前往协作地办理。

第一百二十条　需要进行远程视频询问、处罚前告知的,应当由协作地公安机关事先核实被询问、告知人的身份。办案地公安机关应当制作询问、告知笔录并传输至协作地公安机关。询问、告知笔录经被询问、告知人确认并逐页签名或者捺指印后,由协作地公安机关协作人员签名或者盖章,并将原件或者电子签名笔录提供给办案地公安机关。办案地公安机关负责询问、告知的人民警察应当在首页注明收到日期,并签名或者盖章。询问、告知过程应当全程录音录像。

第一百二十一条　办案地公安机关可以委托异地公安机关代为询问、向有关单位和个人调取电子数据、接收自行书写材料、进行辨认、履行处罚前告知程序、送达法律文书等工作。

委托代为询问、辨认、处罚前告知的,办案地公安机关应当列出明确具体的询问、辨认、告知提纲,提供被辨认对象的照片和陪衬照片。

委托代为向有关单位和个人调取电子数据的,办案地公安机关应当将办案协作函件和相关法律文书传真或者通过执法办案信息系统发送至协作地公安机关,由协作地公安机关办案部门审核确认后办理。

第一百二十二条　协作地公安机关依照办案地公安机关的要求,依法履行办案协作职责所产生的法律责任,由办案地公安机关承担。

第八章　听证程序

第一节　一般规定

第一百二十三条　在作出下列行政处罚决定之前,应当告知违法嫌疑人有要求举行听证的权利：

（一）责令停产停业；

（二）吊销许可证或者执照；

（三）较大数额罚款；

（四）法律、法规和规章规定违法嫌疑人可以要求举行听证的其他情形。

前款第三项所称"较大数额罚款"，是指对个人处以二千元以上罚款，对单位处以一万元以上罚款，对违反边防出境入境管理法律、法规和规章的个人处以六千元以上罚款。对依据地方性法规或者地方政府规章作出的罚款处罚，适用听证的罚款数额按照地方规定执行。

第一百二十四条　听证由公安机关法制部门组织实施。

依法具有独立执法主体资格的公安机关业务部门以及出入境边防检查站依法作出行政处罚决定的，由其非本案调查人员组织听证。

第一百二十五条　公安机关不得因违法嫌疑人提出听证要求而加重处罚。

第一百二十六条　听证人员应当就行政案件的事实、证据、程序、适用法律等方面全面听取当事人陈述和申辩。

第二节　听证人员和听证参加人

第一百二十七条　听证设听证主持人一名，负责组织听证；记录员一名，负责制作听证笔录。必要时，可以设听证员一至二名，协助听证主持人进行听证。

本案调查人员不得担任听证主持人、听证员或者记录员。

第一百二十八条　听证主持人决定或者开展下列事项：

（一）举行听证的时间、地点；

（二）听证是否公开举行；

（三）要求听证参加人到场参加听证，提供或者补充证据；

（四）听证的延期、中止或者终止；

（五）主持听证，就案件的事实、理由、证据、程序、适用法律等组织质证和辩论；

（六）维持听证秩序，对违反听证纪律的行为予以制止；

（七）听证员、记录员的回避；

（八）其他有关事项。

第一百二十九条　听证参加人包括：

（一）当事人及其代理人；

（二）本案办案人民警察；

（三）证人、鉴定人、翻译人员；

（四）其他有关人员。

第一百三十条　当事人在听证活动中享有下列权利：

（一）申请回避；

（二）委托一至二人代理参加听证；

（三）进行陈述、申辩和质证；

（四）核对、补正听证笔录；

（五）依法享有的其他权利。

第一百三十一条　与听证案件处理结果有直接利害关系的其他公民、法人或者其他组织，作为第三人申请参加听证的，应当允许。为查明案情，必要时，听证主持人也可以通知其参加听证。

第三节　听证的告知、申请和受理

第一百三十二条　对适用听证程序的行政案件，办案部门在提出处罚意见后，应当告知违法嫌疑人拟作出的行政处罚和有要求举行听证的权利。

第一百三十三条 违法嫌疑人要求听证的,应当在公安机关告知后三日内提出申请。

第一百三十四条 违法嫌疑人放弃听证或者撤回听证要求后,处罚决定作出前,又提出听证要求的,只要在听证申请有效期限内,应当允许。

第一百三十五条 公安机关收到听证申请后,应当在二日内决定是否受理。认为听证申请人的要求不符合听证条件,决定不予受理的,应当制作不予受理听证通知书,告知听证申请人。逾期不通知听证申请人的,视为受理。

第一百三十六条 公安机关受理听证后,应当在举行听证的七日前将举行听证通知书送达听证申请人,并将举行听证的时间、地点通知其他听证参加人。

第四节 听证的举行

第一百三十七条 听证应当在公安机关收到听证申请之日起十日内举行。

除涉及国家秘密、商业秘密、个人隐私的行政案件外,听证应当公开举行。

第一百三十八条 听证申请人不能按期参加听证的,可以申请延期,是否准许,由听证主持人决定。

第一百三十九条 二个以上违法嫌疑人分别对同一行政案件提出听证要求的,可以合并举行。

第一百四十条 同一行政案件中有二个以上违法嫌疑人,其中部分违法嫌疑人提出听证申请的,应当在听证举行后一并作出处理决定。

第一百四十一条 听证开始时，听证主持人核对听证参加人；宣布案由；宣布听证员、记录员和翻译人员名单；告知当事人在听证中的权利和义务；询问当事人是否提出回避申请；对不公开听证的行政案件，宣布不公开听证的理由。

第一百四十二条 听证开始后，首先由办案人民警察提出听证申请人违法的事实、证据和法律依据及行政处罚意见。

第一百四十三条 办案人民警察提出证据时，应当向听证会出示。对证人证言、鉴定意见、勘验笔录和其他作为证据的文书，应当当场宣读。

第一百四十四条 听证申请人可以就办案人民警察提出的违法事实、证据和法律依据以及行政处罚意见进行陈述、申辩和质证，并可以提出新的证据。

第三人可以陈述事实，提出新的证据。

第一百四十五条 听证过程中，当事人及其代理人有权申请通知新的证人到会作证，调取新的证据。对上述申请，听证主持人应当当场作出是否同意的决定；申请重新鉴定的，按照本规定第七章第五节有关规定办理。

第一百四十六条 听证申请人、第三人和办案人民警察可以围绕案件的事实、证据、程序、适用法律、处罚种类和幅度等问题进行辩论。

第一百四十七条 辩论结束后，听证主持人应当听取听证申请人、第三人、办案人民警察各方最后陈述意见。

第一百四十八条 听证过程中，遇有下列情形之一，听证主持人可以中止听证：

（一）需要通知新的证人到会、调取新的证据或者需要重新鉴定或者勘验的；

（二）因回避致使听证不能继续进行的；

（三）其他需要中止听证的。

中止听证的情形消除后，听证主持人应当及时恢复听证。

第一百四十九条 听证过程中，遇有下列情形之一，应当终止听证：

（一）听证申请人撤回听证申请的；

（二）听证申请人及其代理人无正当理由拒不出席或者未经听证主持人许可中途退出听证的；

（三）听证申请人死亡或者作为听证申请人的法人或者其他组织被撤销、解散的；

（四）听证过程中，听证申请人或者其代理人扰乱听证秩序，不听劝阻，致使听证无法正常进行的；

（五）其他需要终止听证的。

第一百五十条 听证参加人和旁听人员应当遵守听证会场纪律。对违反听证会场纪律的，听证主持人应当警告制止；对不听制止，干扰听证正常进行的旁听人员，责令其退场。

第一百五十一条 记录员应当将举行听证的情况记入听证笔录。听证笔录应当载明下列内容：

（一）案由；

（二）听证的时间、地点和方式；

（三）听证人员和听证参加人的身份情况；

（四）办案人民警察陈述的事实、证据和法律依据以及行政处罚意见；

（五）听证申请人或者其代理人的陈述和申辩；

（六）第三人陈述的事实和理由；

（七）办案人民警察、听证申请人或者其代理人、第三人质证、辩论的内容；

（八）证人陈述的事实；

（九）听证申请人、第三人、办案人民警察的最后陈述意见；

（十）其他事项。

第一百五十二条 听证笔录应当交听证申请人阅读或者向其宣读。听证笔录中的证人陈述部分，应当交证人阅读或者向其宣读。听证申请人或者证人认为听证笔录有误的，可以请求补充或者改正。听证申请人或者证人审核无误后签名或者捺指印。听证申请人或者证人拒绝的，由记录员在听证笔录中记明情况。

听证笔录经听证主持人审阅后，由听证主持人、听证员和记录员签名。

第一百五十三条 听证结束后，听证主持人应当写出听证报告书，连同听证笔录一并报送公安机关负责人。

听证报告书应当包括下列内容：

（一）案由；

（二）听证人员和听证参加人的基本情况；

（三）听证的时间、地点和方式；

（四）听证会的基本情况；

（五）案件事实；

（六）处理意见和建议。

第九章 行政处理决定

第一节 行政处罚的适用

第一百五十四条 违反治安管理行为在六个月内没有被公安机关发现，其他违法行为在二年内没有被公安机关发现的，不再给予行政处罚。

前款规定的期限,从违法行为发生之日起计算,违法行为有连续、继续或者持续状态的,从行为终了之日起计算。

被侵害人在违法行为追究时效内向公安机关控告,公安机关应当受理而不受理的,不受本条第一款追究时效的限制。

第一百五十五条　实施行政处罚时,应当责令违法行为人当场或者限期改正违法行为。

第一百五十六条　对违法行为人的同一个违法行为,不得给予两次以上罚款的行政处罚。

第一百五十七条　不满十四周岁的人有违法行为的,不予行政处罚,但是应当责令其监护人严加管教,并在不予行政处罚决定书中载明。已满十四周岁不满十八周岁的人有违法行为的,从轻或者减轻行政处罚。

第一百五十八条　精神病人在不能辨认或者不能控制自己行为时有违法行为的,不予行政处罚,但应当责令其监护人严加看管和治疗,并在不予行政处罚决定书中载明。间歇性精神病人在精神正常时有违法行为的,应当给予行政处罚。尚未完全丧失辨认或者控制自己行为能力的精神病人有违法行为的,应当予以行政处罚,但可以从轻或者减轻行政处罚。

第一百五十九条　违法行为人有下列情形之一的,应当从轻、减轻处罚或者不予行政处罚:

(一)主动消除或者减轻违法行为危害后果,并取得被侵害人谅解的;

(二)受他人胁迫或者诱骗的;

(三)有立功表现的;

(四)主动投案,向公安机关如实陈述自己的违法行为的;

(五)其他依法应当从轻、减轻或者不予行政处罚的。

违法行为轻微并及时纠正，没有造成危害后果的，不予行政处罚。

盲人或者又聋又哑的人违反治安管理的，可以从轻、减轻或者不予行政处罚；醉酒的人违反治安管理的，应当给予处罚。

第一百六十条 违法行为人有下列情形之一的，应当从重处罚：

（一）有较严重后果的；

（二）教唆、胁迫、诱骗他人实施违法行为的；

（三）对报案人、控告人、举报人、证人等打击报复的；

（四）六个月内曾受过治安管理处罚或者一年内因同类违法行为受到两次以上公安行政处罚的；

（五）刑罚执行完毕三年内，或者在缓刑期间，违反治安管理的。

第一百六十一条 一人有两种以上违法行为的，分别决定，合并执行，可以制作一份决定书，分别写明对每种违法行为的处理内容和合并执行的内容。

一个案件有多个违法行为人的，分别决定，可以制作一式多份决定书，写明给予每个人的处理决定，分别送达每一个违法行为人。

第一百六十二条 行政拘留处罚合并执行的，最长不超过二十日。

行政拘留处罚执行完毕前，发现违法行为人有其他违法行为，公安机关依法作出行政拘留决定的，与正在执行的行政拘留合并执行。

第一百六十三条 对决定给予行政拘留处罚的人，在处罚前因同一行为已经被采取强制措施限制人身自由的时间应当折抵。限制人身自由一日，折抵执行行政拘留一日。询问查证、继续盘问和采取约束措施的时间不予折抵。

被采取强制措施限制人身自由的时间超过决定的行政拘留期限的，行政拘留决定不再执行。

第一百六十四条 违法行为人具有下列情形之一，依法应当给予行政拘留处罚的，应当作出处罚决定，但不送拘留所执行：

（一）已满十四周岁不满十六周岁的；

（二）已满十六周岁不满十八周岁，初次违反治安管理或者其他公安行政管理的。但是，曾被收容教养、被行政拘留依法不执行行政拘留或者曾因实施扰乱公共秩序，妨害公共安全，侵犯人身权利、财产权利，妨害社会管理的行为被人民法院判决有罪的除外；

（三）七十周岁以上的；

（四）孕妇或者正在哺乳自己婴儿的妇女。

第二节 行政处理的决定

第一百六十五条 公安机关办理治安案件的期限，自受理之日起不得超过三十日；案情重大、复杂的，经上一级公安机关批准，可以延长三十日。办理其他行政案件，有法定办案期限的，按照相关法律规定办理。

为了查明案情进行鉴定的期间，不计入办案期限。

对因违反治安管理行为人不明或者逃跑等客观原因造成案件在法定期限内无法作出行政处理决定的，公安机关应当继续进行调查取证，并向被侵害人说明情况，及时依法作出处理决定。

第一百六十六条 违法嫌疑人不讲真实姓名、住址，身份不明，但只要违法事实清楚、证据确实充分的，可以按其自报的姓名并贴附照片作出处理决定，并在相关法律文书中注明。

第一百六十七条 在作出行政处罚决定前，应当告知违法嫌疑人拟作出行政处罚决定的事实、理由及依据，并告知违法嫌疑人依法享有陈述权和申辩权。单位违法的，应当告知其法定代表人、主要负责人或者其授权的人员。

适用一般程序作出行政处罚决定的，采用书面形式或者笔录形式告知。

依照本规定第一百七十二条第一款第三项作出不予行政处罚决定的，可以不履行本条第一款规定的告知程序。

第一百六十八条　对违法行为事实清楚，证据确实充分，依法应当予以行政处罚，因违法行为人逃跑等原因无法履行告知义务的，公安机关可以采取公告方式予以告知。自公告之日起七日内，违法嫌疑人未提出申辩的，可以依法作出行政处罚决定。

第一百六十九条　违法嫌疑人有权进行陈述和申辩。对违法嫌疑人提出的新的事实、理由和证据，公安机关应当进行复核。

公安机关不得因违法嫌疑人申辩而加重处罚。

第一百七十条　对行政案件进行审核、审批时，应当审查下列内容：

（一）违法嫌疑人的基本情况；

（二）案件事实是否清楚，证据是否确实充分；

（三）案件定性是否准确；

（四）适用法律、法规和规章是否正确；

（五）办案程序是否合法；

（六）拟作出的处理决定是否适当。

第一百七十一条　法制员或者办案部门指定的人员、办案部门负责人、法制部门的人员可以作为行政案件审核人员。

初次从事行政处罚决定审核的人员，应当通过国家统一法律职业资格考试取得法律职业资格。

第一百七十二条　公安机关根据行政案件的不同情况分别作出

下列处理决定：

（一）确有违法行为，应当给予行政处罚的，根据其情节和危害后果的轻重，作出行政处罚决定；

（二）确有违法行为，但有依法不予行政处罚情形的，作出不予行政处罚决定；有违法所得和非法财物、违禁品、管制器具的，应当予以追缴或者收缴；

（三）违法事实不能成立的，作出不予行政处罚决定；

（四）对需要给予社区戒毒、强制隔离戒毒、收容教养等处理的，依法作出决定；

（五）违法行为涉嫌构成犯罪的，转为刑事案件办理或者移送有权处理的主管机关、部门办理，无需撤销行政案件。公安机关已经作出行政处理决定的，应当附卷；

（六）发现违法行为人有其他违法行为的，在依法作出行政处理决定的同时，通知有关行政主管部门处理。

对已经依照前款第三项作出不予行政处罚决定的案件，又发现新的证据的，应当依法及时调查；违法行为能够认定的，依法重新作出处理决定，并撤销原不予行政处罚决定。

治安案件有被侵害人的，公安机关应当在作出不予行政处罚或者处罚决定之日起二日内将决定书复印件送达被侵害人。无法送达的，应当注明。

第一百七十三条　行政拘留处罚由县级以上公安机关或者出入境边防检查机关决定。依法应当对违法行为人予以行政拘留的，公安派出所、依法具有独立执法主体资格的公安机关业务部门应当报其所属的县级以上公安机关决定。

第一百七十四条　对县级以上的各级人民代表大会代表予以行政拘留的，作出处罚决定前应当经该级人民代表大会主席团或者人民代表大会常务委员会许可。

对乡、民族乡、镇的人民代表大会代表予以行政拘留的,作出决定的公安机关应当立即报告乡、民族乡、镇的人民代表大会。

第一百七十五条 作出行政处罚决定的,应当制作行政处罚决定书。决定书应当载明下列内容:

(一)被处罚人的姓名、性别、出生日期、身份证件种类及号码、户籍所在地、现住址、工作单位、违法经历以及被处罚单位的名称、地址和法定代表人;

(二)违法事实和证据以及从重、从轻、减轻等情节;

(三)处罚的种类、幅度和法律依据;

(四)处罚的执行方式和期限;

(五)对涉案财物的处理结果及对被处罚人的其他处理情况;

(六)对处罚决定不服,申请行政复议、提起行政诉讼的途径和期限;

(七)作出决定的公安机关的名称、印章和日期。

作出罚款处罚的,行政处罚决定书应当载明逾期不缴纳罚款依法加处罚款的标准和最高限额;对涉案财物作出处理的,行政处罚决定书应当附没收、收缴、追缴物品清单。

第一百七十六条 作出行政拘留处罚决定的,应当及时将处罚情况和执行场所或者依法不执行的情况通知被处罚人家属。

作出社区戒毒决定的,应当通知被决定人户籍所在地或者现居住地的城市街道办事处、乡镇人民政府。作出强制隔离戒毒、收容教养决定的,应当在法定期限内通知被决定人的家属、所在单位、户籍所在地公安派出所。

被处理人拒不提供家属联系方式或者不讲真实姓名、住址,身份不明的,可以不予通知,但应当在附卷的决定书中注明。

第一百七十七条 公安机关办理的刑事案件,尚不够刑事处罚,依法应当给予公安行政处理的,经县级以上公安机关负责人批准,依照本章规定作出处理决定。

第十章 治安调解

第一百七十八条 对于因民间纠纷引起的殴打他人、故意伤害、侮辱、诽谤、诬告陷害、故意损毁财物、干扰他人正常生活、侵犯隐私、非法侵入住宅等违反治安管理行为,情节较轻,且具有下列情形之一的,可以调解处理:

(一)亲友、邻里、同事、在校学生之间因琐事发生纠纷引起的;

(二)行为人的侵害行为系由被侵害人事前的过错行为引起的;

(三)其他适用调解处理更易化解矛盾的。

对不构成违反治安管理行为的民间纠纷,应当告知当事人向人民法院或者人民调解组织申请处理。

对情节轻微、事实清楚、因果关系明确,不涉及医疗费用、物品损失或者双方当事人对医疗费用和物品损失的赔付无争议,符合治安调解条件,双方当事人同意当场调解并当场履行的治安案件,可以当场调解,并制作调解协议书。当事人基本情况、主要违法事实和协议内容在现场录音录像中明确记录的,不再制作调解协议书。

第一百七十九条 具有下列情形之一的,不适用调解处理:

(一)雇凶伤害他人的;

(二)结伙斗殴或者其他寻衅滋事的;

(三)多次实施违反治安管理行为的;

(四)当事人明确表示不愿意调解处理的;

(五)当事人在治安调解过程中又针对对方实施违反治安管理行

为的；

（六）调解过程中，违法嫌疑人逃跑的；

（七）其他不宜调解处理的。

第一百八十条　调解处理案件，应当查明事实，收集证据，并遵循合法、公正、自愿、及时的原则，注重教育和疏导，化解矛盾。

第一百八十一条　当事人中有未成年人的，调解时应当通知其父母或者其他监护人到场。但是，当事人为年满十六周岁以上的未成年人，以自己的劳动收入为主要生活来源，本人同意不通知的，可以不通知。

被侵害人委托其他人参加调解的，应当向公安机关提交委托书，并写明委托权限。违法嫌疑人不得委托他人参加调解。

第一百八十二条　对因邻里纠纷引起的治安案件进行调解时，可以邀请当事人居住地的居（村）民委员会的人员或者双方当事人熟悉的人员参加帮助调解。

第一百八十三条　调解一般为一次。对一次调解不成，公安机关认为有必要或者当事人申请的，可以再次调解，并应当在第一次调解后的七个工作日内完成。

第一百八十四条　调解达成协议的，在公安机关主持下制作调解协议书，双方当事人应当在调解协议书上签名，并履行调解协议。

调解协议书应当包括调解机关名称、主持人、双方当事人和其他在场人员的基本情况，案件发生时间、地点、人员、起因、经过、情节、结果等情况、协议内容、履行期限和方式等内容。

对调解达成协议的，应当保存案件证据材料，与其他文书材料和调解协议书一并归入案卷。

第一百八十五条　调解达成协议并履行的，公安机关不再处罚。对调解未达成协议或者达成协议后不履行的，应当对违反治安管理行为人依法予以处罚;对违法行为造成的损害赔偿纠纷,公安机关可以进行调解,调解不成的,应当告知当事人向人民法院提起民事诉讼。

调解案件的办案期限从调解未达成协议或者调解达成协议不履行之日起开始计算。

第一百八十六条　对符合本规定第一百七十八条规定的治安案件,当事人申请人民调解或者自行和解,达成协议并履行后,双方当事人书面申请并经公安机关认可的,公安机关不予治安管理处罚,但公安机关已依法作出处理决定的除外。

第十一章　涉案财物的管理和处理

第一百八十七条　对于依法扣押、扣留、查封、抽样取证、追缴、收缴的财物以及由公安机关负责保管的先行登记保存的财物,公安机关应当妥善保管,不得使用、挪用、调换或者损毁。造成损失的,应当承担赔偿责任。

涉案财物的保管费用由作出决定的公安机关承担。

第一百八十八条　县级以上公安机关应当指定一个内设部门作为涉案财物管理部门,负责对涉案财物实行统一管理,并设立或者指定专门保管场所,对涉案财物进行集中保管。涉案财物集中保管的范围,由地方公安机关根据本地区实际情况确定。

对价值较低、易于保管,或者需要作为证据继续使用,以及需要先行返还被侵害人的涉案财物,可以由办案部门设置专门的场所进行保管。办案部门应当指定不承担办案工作的民警负责本部门涉案财物的接收、保管、移交等管理工作;严禁由办案人员自行保管涉案财物。

对查封的场所、设施、财物,可以委托第三人保管,第三人不得损毁或者擅自转移、处置。因第三人的原因造成的损失，公安机关先行赔付后，有权向第三人追偿。

第一百八十九条 公安机关涉案财物管理部门和办案部门应当建立电子台账，对涉案财物逐一编号登记，载明案由、来源、保管状态、场所和去向。

第一百九十条 办案人民警察应当在依法提取涉案财物后的二十四小时内将财物移交涉案财物管理人员，并办理移交手续。对查封、冻结、先行登记保存的涉案财物，应当在采取措施后的二十四小时内，将法律文书复印件及涉案财物的情况送交涉案财物管理人员予以登记。

在异地或者在偏远、交通不便地区提取涉案财物的，办案人民警察应当在返回单位后的二十四小时内移交。

对情况紧急，需要在提取涉案财物后的二十四小时内进行鉴定、辨认、检验、检查等工作的，经办案部门负责人批准，可以在完成上述工作后的二十四小时内移交。

在提取涉案财物后的二十四小时内已将涉案财物处理完毕的，不再移交，但应当将处理涉案财物的相关手续附卷保存。

因询问、鉴定、辨认、检验、检查等办案需要，经办案部门负责人批准，办案人民警察可以调用涉案财物，并及时归还。

第一百九十一条 对容易腐烂变质及其他不易保管的物品、危险物品，经公安机关负责人批准，在拍照或者录像后依法变卖或者拍卖，变卖或者拍卖的价款暂予保存，待结案后按有关规定处理。

对易燃、易爆、毒害性、放射性等危险物品应当存放在符合危险物品存放条件的专门场所。

对属于被侵害人或者善意第三人合法占有的财物，应当在登记、拍照或者录像、估价后及时返还，并在案卷中注明返还的理由，将原物照片、清单和领取手续存卷备查。

对不宜入卷的物证,应当拍照入卷,原物在结案后按照有关规定处理。

第一百九十二条 有关违法行为查证属实后,对有证据证明权属明确且无争议的被侵害人合法财物及其孳息,凡返还不损害其他被侵害人或者利害关系人的利益,不影响案件正常办理的,应当在登记、拍照或者录像和估价后,及时发还被侵害人。办案人民警察应当在案卷材料中注明返还的理由,并将原物照片、清单和被侵害人的领取手续附卷。

第一百九十三条 在作出行政处理决定时,应当对涉案财物一并作出处理。

第一百九十四条 对在办理行政案件中查获的下列物品应当依法收缴:

(一)毒品、淫秽物品等违禁品;

(二)赌具和赌资;

(三)吸食、注射毒品的用具;

(四)伪造、变造的公文、证件、证明文件、票证、印章等;

(五)倒卖的车船票、文艺演出票、体育比赛入场券等有价票证;

(六)主要用于实施违法行为的本人所有的工具以及直接用于实施毒品违法行为的资金;

(七)法律、法规规定可以收缴的其他非法财物。

前款第六项所列的工具,除非有证据表明属于他人合法所有,可以直接认定为违法行为人本人所有。对明显无价值的,可以不作出收缴决定,但应当在证据保全文书中注明处理情况。

违法所得应当依法予以追缴或者没收。

多名违法行为人共同实施违法行为,违法所得或者非法财物无法分清所有人的，作为共同违法所得或者非法财物予以处理。

第一百九十五条　收缴由县级以上公安机关决定。但是，违禁品，管制器具，吸食、注射毒品的用具以及非法财物价值在五百元以下且当事人对财物价值无异议的，公安派出所可以收缴。

追缴由县级以上公安机关决定。但是，追缴的财物应当退还被侵害人的，公安派出所可以追缴。

第一百九十六条　对收缴和追缴的财物，经原决定机关负责人批准，按照下列规定分别处理：

（一）属于被侵害人或者善意第三人的合法财物，应当及时返还；

（二）没有被侵害人的，登记造册，按照规定上缴国库或者依法变卖、拍卖后，将所得款项上缴国库；

（三）违禁品、没有价值的物品，或者价值轻微，无法变卖、拍卖的物品，统一登记造册后销毁；

（四）对无法变卖或者拍卖的危险物品，由县级以上公安机关主管部门组织销毁或者交有关厂家回收。

第一百九十七条　对应当退还原主或者当事人的财物，通知原主或者当事人在六个月内来领取；原主不明确的，应当采取公告方式告知原主认领。在通知原主、当事人或者公告后六个月内，无人认领的，按无主财物处理，登记后上缴国库，或者依法变卖或者拍卖后，将所得款项上缴国库。遇有特殊情况的，可酌情延期处理，延长期限最长不超过三个月。

第十二章　执　　行

第一节　一般规定

第一百九十八条　公安机关依法作出行政处理决定后，被处理人应当在行政处理决定的期限内予以履行。逾期不履行的，作出行政处理决定的公安机关可以依法强制执行或者申请人民法院强制执行。

第一百九十九条 被处理人对行政处理决定不服申请行政复议或者提起行政诉讼的，行政处理决定不停止执行，但法律另有规定的除外。

第二百条 公安机关在依法作出强制执行决定或者申请人民法院强制执行前，应当事先催告被处理人履行行政处理决定。催告以书面形式作出，并直接送达被处理人。被处理人拒绝接受或者无法直接送达被处理人的，依照本规定第五章的有关规定送达。

催告书应当载明下列事项：

（一）履行行政处理决定的期限和方式；

（二）涉及金钱给付的，应当有明确的金额和给付方式；

（三）被处理人依法享有的陈述权和申辩权。

第二百零一条 被处理人收到催告书后有权进行陈述和申辩。公安机关应当充分听取并记录、复核。被处理人提出的事实、理由或者证据成立的，公安机关应当采纳。

第二百零二条 经催告，被处理人无正当理由逾期仍不履行行政处理决定，法律规定由公安机关强制执行的，公安机关可以依法作出强制执行决定。

在催告期间，对有证据证明有转移或者隐匿财物迹象的，公安机关可以作出立即强制执行决定。

强制执行决定应当以书面形式作出，并载明下列事项：

（一）被处理人的姓名或者名称、地址；

（二）强制执行的理由和依据；

（三）强制执行的方式和时间；

（四）申请行政复议或者提起行政诉讼的途径和期限；

（五）作出决定的公安机关名称、印章和日期。

第二百零三条 依法作出要求被处理人履行排除妨碍、恢复原状等义务的行政处理决定，被处理人逾期不履行，经催告仍不履行，其后果已经或者将危害交通安全的，公安机关可以代履行，或者委托没有利害关系的第三人代履行。

代履行应当遵守下列规定：

（一）代履行前送达决定书，代履行决定书应当载明当事人的姓名或者名称、地址，代履行的理由和依据、方式和时间、标的、费用预算及代履行人；

（二）代履行三日前，催告当事人履行，当事人履行的，停止代履行；

（三）代履行时，作出决定的公安机关应当派员到场监督；

（四）代履行完毕，公安机关到场监督人员、代履行人和当事人或者见证人应当在执行文书上签名或者盖章。

代履行的费用由当事人承担。但是，法律另有规定的除外。

第二百零四条 需要立即清理道路的障碍物，当事人不能清除的，或者有其他紧急情况需要立即履行的，公安机关可以决定立即实施代履行。当事人不在场的，公安机关应当在事后立即通知当事人，并依法作出处理。

第二百零五条 实施行政强制执行，公安机关可以在不损害公共利益和他人合法权益的情况下，与当事人达成执行协议。执行协议可以约定分阶段履行；当事人采取补救措施的，可以减免加处的罚款。

执行协议应当履行。被处罚人不履行执行协议的，公安机关应当恢复强制执行。

第二百零六条　当事人在法定期限内不申请行政复议或者提起行政诉讼，又不履行行政处理决定的，法律没有规定公安机关强制执行的，作出行政处理决定的公安机关可以自期限届满之日起三个月内，向所在地有管辖权的人民法院申请强制执行。因情况紧急，为保障公共安全，公安机关可以申请人民法院立即执行。

强制执行的费用由被执行人承担。

第二百零七条　申请人民法院强制执行前，公安机关应当催告被处理人履行义务，催告书送达十日后被处理人仍未履行义务的，公安机关可以向人民法院申请强制执行。

第二百零八条　公安机关向人民法院申请强制执行，应当提供下列材料：

（一）强制执行申请书；

（二）行政处理决定书及作出决定的事实、理由和依据；

（三）当事人的意见及公安机关催告情况；

（四）申请强制执行标的情况；

（五）法律、法规规定的其他材料。

强制执行申请书应当由作出处理决定的公安机关负责人签名，加盖公安机关印章，并注明日期。

第二百零九条　公安机关对人民法院不予受理强制执行申请、不予强制执行的裁定有异议的，可以在十五日内向上一级人民法院申请复议。

第二百一十条　具有下列情形之一的，中止强制执行：

（一）当事人暂无履行能力的；

（二）第三人对执行标的主张权利，确有理由的；

（三）执行可能对他人或者公共利益造成难以弥补的重大损失的；

（四）其他需要中止执行的。

中止执行的情形消失后，公安机关应当恢复执行。对没有明显社会危害，当事人确无能力履行，中止执行满三年未恢复执行的，不再执行。

第二百一十一条　具有下列情形之一的，终结强制执行：

（一）公民死亡，无遗产可供执行，又无义务承受人的；

（二）法人或者其他组织终止，无财产可供执行，又无义务承受人的；

（三）执行标的灭失的；

（四）据以执行的行政处理决定被撤销的；

（五）其他需要终结执行的。

第二百一十二条　在执行中或者执行完毕后，据以执行的行政处理决定被撤销、变更，或者执行错误，应当恢复原状或者退还财物；不能恢复原状或者退还财物的，依法给予赔偿。

第二百一十三条　除依法应当销毁的物品外，公安机关依法没收或者收缴、追缴的违法所得和非法财物，必须按照国家有关规定处理或者上缴国库。

罚款、没收或者收缴的违法所得和非法财物拍卖或者变卖的款项和没收的保证金，必须全部上缴国库，不得以任何形式截留、私分或者变相私分。

第二节　罚款的执行

第二百一十四条　公安机关作出罚款决定，被处罚人应当自收到行政处罚决定书之日起十五日内，到指定的银行缴纳罚款。具有下列情形之一的，公安机关及其办案人民警察可以当场收缴罚款，法律另有规定的，从其规定：

（一）对违反治安管理行为人处五十元以下罚款和对违反交通管理的行人、乘车人和非机动车驾驶人处罚款，被处罚人没有异议的；

（二）对违反治安管理、交通管理以外的违法行为人当场处二十元以下罚款的；

（三）在边远、水上、交通不便地区、旅客列车上或者口岸，被处罚人向指定银行缴纳罚款确有困难，经被处罚人提出的；

（四）被处罚人在当地没有固定住所，不当场收缴事后难以执行的。

对具有前款第一项和第三项情形之一的，办案人民警察应当要求被处罚人签名确认。

第二百一十五条 公安机关及其人民警察当场收缴罚款的，应当出具省级或者国家财政部门统一制发的罚款收据。对不出具省级或者国家财政部门统一制发的罚款收据的，被处罚人有权拒绝缴纳罚款。

第二百一十六条 人民警察应当自收缴罚款之日起二日内，将当场收缴的罚款交至其所属公安机关；在水上当场收缴的罚款，应当自抵岸之日起二日内将当场收缴的罚款交至其所属公安机关；在旅客列车上当场收缴的罚款，应当自返回之日起二日内将当场收缴的罚款交至其所属公安机关。

公安机关应当自收到罚款之日起二日内将罚款缴付指定的银行。

第二百一十七条 被处罚人确有经济困难，经被处罚人申请和作出处罚决定的公安机关批准，可以暂缓或者分期缴纳罚款。

第二百一十八条 被处罚人未在本规定第二百一十四条规定的期限内缴纳罚款的，作出行政处罚决定的公安机关可以采取下列措施：

（一）将依法查封、扣押的被处罚人的财物拍卖或者变卖抵缴罚款。拍卖或者变卖的价款超过罚款数额的，余额部分应当及时退还被处罚人；

（二）不能采取第一项措施的，每日按罚款数额的百分之三加处罚款，加处罚款总额不得超出罚款数额。

拍卖财物，由公安机关委托拍卖机构依法办理。

第二百一十九条 依法加处罚款超过三十日，经催告被处罚人仍不履行的，作出行政处罚决定的公安机关可以按照本规定第二百零六条的规定向所在地有管辖权的人民法院申请强制执行。

第三节 行政拘留的执行

第二百二十条 对被决定行政拘留的人，由作出决定的公安机关送达拘留所执行。对抗拒执行的，可以使用约束性警械。

对被决定行政拘留的人，在异地被抓获或者具有其他有必要在异地拘留所执行情形的，经异地拘留所主管公安机关批准，可以在异地执行。

第二百二十一条 对同时被决定行政拘留和社区戒毒或者强制隔离戒毒的人员，应当先执行行政拘留，由拘留所给予必要的戒毒治疗，强制隔离戒毒期限连续计算。

拘留所不具备戒毒治疗条件的，行政拘留决定机关可以直接将被行政拘留人送公安机关管理的强制隔离戒毒所代为执行行政拘留，强制隔离戒毒期限连续计算。

第二百二十二条 被处罚人不服行政拘留处罚决定，申请行政复议或者提起行政诉讼的，可以向作出行政拘留决定的公安机关提出暂缓执行行政拘留的申请；口头提出申请的，公安机关人民警察应当予以记录，并由申请人签名或者捺指印。

被处罚人在行政拘留执行期间，提出暂缓执行行政拘留申请的，拘留所应当立即将申请转交作出行政拘留决定的公安机关。

第二百二十三条 公安机关应当在收到被处罚人提出暂缓执行行政拘留申请之时起二十四小时内作出决定。

公安机关认为暂缓执行行政拘留不致发生社会危险，且被处罚人或者其近亲属提出符合条件的担保人，或者按每日行政拘留二百元的标准交纳保证金的，应当作出暂缓执行行政拘留的决定。

对同一被处罚人，不得同时责令其提出保证人和交纳保证金。

被处罚人已送达拘留所执行的，公安机关应当立即将暂缓执行行政拘留决定送达拘留所，拘留所应当立即释放被处罚人。

第二百二十四条 被处罚人具有下列情形之一的，应当作出不暂缓执行行政拘留的决定，并告知申请人：

（一）暂缓执行行政拘留后可能逃跑的；

（二）有其他违法犯罪嫌疑，正在被调查或者侦查的；

（三）不宜暂缓执行行政拘留的其他情形。

第二百二十五条 行政拘留并处罚款的，罚款不因暂缓执行行政拘留而暂缓执行。

第二百二十六条 在暂缓执行行政拘留期间，被处罚人应当遵守下列规定：

（一）未经决定机关批准不得离开所居住的市、县；

（二）住址、工作单位和联系方式发生变动的，在二十四小时以内向决定机关报告；

（三）在行政复议和行政诉讼中不得干扰证人作证、伪造证据或者串供；

（四）不得逃避、拒绝或者阻碍处罚的执行。

在暂缓执行行政拘留期间，公安机关不得妨碍被处罚人依法行使行政复议和行政诉讼权利。

第二百二十七条　暂缓执行行政拘留的担保人应当符合下列条件：

（一）与本案无牵连；

（二）享有政治权利，人身自由未受到限制或者剥夺；

（三）在当地有常住户口和固定住所；

（四）有能力履行担保义务。

第二百二十八条　公安机关经过审查认为暂缓执行行政拘留的担保人符合条件的，由担保人出具保证书，并到公安机关将被担保人领回。

第二百二十九条　暂缓执行行政拘留的担保人应当履行下列义务：

（一）保证被担保人遵守本规定第二百二十六条的规定；

（二）发现被担保人伪造证据、串供或者逃跑的，及时向公安机关报告。

暂缓执行行政拘留的担保人不履行担保义务，致使被担保人逃避行政拘留处罚执行的，公安机关可以对担保人处以三千元以下罚款，并对被担保人恢复执行行政拘留。

暂缓执行行政拘留的担保人履行了担保义务，但被担保人仍逃避行政拘留处罚执行的，或者被处罚人逃跑后，担保人积极帮助公安机关抓获被处罚人的，可以从轻或者不予行政处罚。

第二百三十条　暂缓执行行政拘留的担保人在暂缓执行行政拘留期间，不愿继续担保或者丧失担保条件的，行政拘留的决定机关应当责令被处罚人重新提出担保人或者交纳保证金。不提出担保人又不交纳保证金的，行政拘留的决定机关应当将被处罚人送拘留所执行。

第二百三十一条　保证金应当由银行代收。在银行非营业时间，公安机关可以先行收取,并在收到保证金后的三日内存入指定的银行账户。

公安机关应当指定办案部门以外的法制、装备财务等部门负责管理保证金。严禁截留、坐支、挪用或者以其他任何形式侵吞保证金。

第二百三十二条 行政拘留处罚被撤销或者开始执行时,公安机关应当将保证金退还交纳人。

被决定行政拘留的人逃避行政拘留处罚执行的,由决定行政拘留的公安机关作出没收或者部分没收保证金的决定,行政拘留的决定机关应当将被处罚人送拘留所执行。

第二百三十三条 被处罚人对公安机关没收保证金的决定不服的,可以依法申请行政复议或者提起行政诉讼。

第四节 其他处理决定的执行

第二百三十四条 作出吊销公安机关发放的许可证或者执照处罚的,应当在被吊销的许可证或者执照上加盖吊销印章后收缴。被处罚人拒不缴销证件的,公安机关可以公告宣布作废。吊销许可证或者执照的机关不是发证机关的,作出决定的机关应当在处罚决定生效后及时通知发证机关。

第二百三十五条 作出取缔决定的,可以采取在经营场所张贴公告等方式予以公告,责令被取缔者立即停止经营活动;有违法所得的,依法予以没收或者追缴。拒不停止经营活动的,公安机关可以依法没收或者收缴其专门用于从事非法经营活动的工具、设备。已经取得营业执照的,公安机关应当通知工商行政管理部门依法撤销其营业执照。

第二百三十六条 对拒不执行公安机关依法作出的责令停产停

业决定的，公安机关可以依法强制执行或者申请人民法院强制执行。

第二百三十七条　对被决定强制隔离戒毒、收容教养的人员，由作出决定的公安机关送强制隔离戒毒场所、收容教养场所执行。

对被决定社区戒毒的人员，公安机关应当责令其到户籍所在地接受社区戒毒，在户籍所在地以外的现居住地有固定住所的，可以责令其在现居住地接受社区戒毒。

第十三章　涉外行政案件的办理

第二百三十八条　办理涉外行政案件，应当维护国家主权和利益，坚持平等互利原则。

第二百三十九条　对外国人国籍的确认，以其入境时有效证件上所表明的国籍为准；国籍有疑问或者国籍不明的，由公安机关出入境管理部门协助查明。

对无法查明国籍、身份不明的外国人，按照其自报的国籍或者无国籍人对待。

第二百四十条　违法行为人为享有外交特权和豁免权的外国人的，办案公安机关应当将其身份、证件及违法行为等基本情况记录在案，保存有关证据，并尽快将有关情况层报省级公安机关，由省级公安机关商请同级人民政府外事部门通过外交途径处理。

对享有外交特权和豁免权的外国人，不得采取限制人身自由和查封、扣押的强制措施。

第二百四十一条　办理涉外行政案件，应当使用中华人民共和国通用的语言文字。对不通晓我国语言文字的，公安机关应当为其提供翻译；当事人通晓我国语言文字，不需要他人翻译的，应当出具书面声明。

经县级以上公安机关负责人批准，外国籍当事人可以自己聘请翻译，翻译费由其个人承担。

第二百四十二条　外国人具有下列情形之一，经当场盘问或者继续盘问后不能排除嫌疑，需要作进一步调查的，经县级以上公安机关或者出入境边防检查机关负责人批准，可以拘留审查：

（一）有非法出境入境嫌疑的；

（二）有协助他人非法出境入境嫌疑的；

（三）有非法居留、非法就业嫌疑的；

（四）有危害国家安全和利益，破坏社会公共秩序或者从事其他违法犯罪活动嫌疑的。

实施拘留审查，应当出示拘留审查决定书，并在二十四小时内进行询问。

拘留审查的期限不得超过三十日，案情复杂的，经上一级公安机关或者出入境边防检查机关批准可以延长至六十日。对国籍、身份不明的，拘留审查期限自查清其国籍、身份之日起计算。

第二百四十三条　具有下列情形之一的，应当解除拘留审查：

（一）被决定遣送出境、限期出境或者驱逐出境的；

（二）不应当拘留审查的；

（三）被采取限制活动范围措施的；

（四）案件移交其他部门处理的；

（五）其他应当解除拘留审查的。

第二百四十四条　外国人具有下列情形之一的，不适用拘留审查，经县级以上公安机关或者出入境边防检查机关负责人批准，可以限制其活动范围：

（一）患有严重疾病的；

（二）怀孕或者哺乳自己婴儿的；

（三）未满十六周岁或者已满七十周岁的；

（四）不宜适用拘留审查的其他情形。

被限制活动范围的外国人，应当按照要求接受审查，未经公安机关批准，不得离开限定的区域。限制活动范围的期限不得超过六十日。对国籍、身份不明的，限制活动范围期限自查清其国籍、身份之日起计算。

第二百四十五条　被限制活动范围的外国人应当遵守下列规定：

（一）未经决定机关批准，不得变更生活居所，超出指定的活动区域；

（二）在传唤的时候及时到案；

（三）不得以任何形式干扰证人作证；

（四）不得毁灭、伪造证据或者串供。

第二百四十六条　外国人具有下列情形之一的，经县级以上公安机关或者出入境边防检查机关负责人批准，可以遣送出境：

（一）被处限期出境，未在规定期限内离境的；

（二）有不准入境情形的；

（三）非法居留、非法就业的；

（四）违反法律、行政法规需要遣送出境的。

其他境外人员具有前款所列情形之一的，可以依法遣送出境。

被遣送出境的人员，自被遣送出境之日起一至五年内不准入境。

第二百四十七条　被遣送出境的外国人可以被遣送至下列国家或者地区：

（一）国籍国；

（二）入境前的居住国或者地区；

（三）出生地国或者地区；

（四）入境前的出境口岸的所属国或者地区；

（五）其他允许被遣送出境的外国人入境的国家或者地区。

第二百四十八条　具有下列情形之一的外国人，应当羁押在拘留所或者遣返场所：

（一）被拘留审查的；

（二）被决定遣送出境或者驱逐出境但因天气、交通运输工具班期、当事人健康状况等客观原因或者国籍、身份不明，不能立即执行的。

第二百四十九条　外国人对继续盘问、拘留审查、限制活动范围、遣送出境措施不服的，可以依法申请行政复议，该行政复议决定为最终决定。

其他境外人员对遣送出境措施不服，申请行政复议的，适用前款规定。

第二百五十条　外国人具有下列情形之一的，经县级以上公安机关或者出入境边防检查机关决定，可以限期出境：

（一）违反治安管理的；

（二）从事与停留居留事由不相符的活动的；

（三）违反中国法律、法规规定，不适宜在中国境内继续停留居留的。

对外国人决定限期出境的，应当规定外国人离境的期限，注销其有效签证或者停留居留证件。限期出境的期限不得超过三十日。

第二百五十一条　外国人违反治安管理或者出境入境管理，情节严重，尚不构成犯罪的，承办的公安机关可以层报公安部处以驱逐出境。公安部作出的驱逐出境决定为最终决定，由承办机关宣布并执行。

被驱逐出境的外国人，自被驱逐出境之日起十年内不准入境。

第二百五十二条　对外国人处以罚款或者行政拘留并处限期出境或者驱逐出境的，应当于罚款或者行政拘留执行完毕后执行限期出境或者驱逐出境。

第二百五十三条　办理涉外行政案件，应当按照国家有关办理涉外案件的规定，严格执行请示报告、内部通报、对外通知等各项制度。

第二百五十四条　对外国人作出行政拘留、拘留审查或者其他限制人身自由以及限制活动范围的决定后，决定机关应当在四十八小时内将外国人的姓名、性别、入境时间、护照或者其他身份证件号码，案件发生的时间、地点及有关情况，违法的主要事实，已采取的措施及其法律依据等情况报告省级公安机关；省级公安机关应当在规定期限内，将有关情况通知该外国人所属国家的驻华使馆、领馆，并通报同级人民政府外事部门。当事人要求不通知使馆、领馆，且我国与当事人国籍国未签署双边协议规定必须通知的，可以不通知，但应当由其本人提出书面请求。

第二百五十五条　外国人在被行政拘留、拘留审查或者其他限制人身自由以及限制活动范围期间死亡的，有关省级公安机关应当通知该外国人所属国家驻华使馆、领馆，同时报告公安部并通报同级人民政府外事部门。

第二百五十六条　外国人在被行政拘留、拘留审查或者其他限制人身自由以及限制活动范围期间，其所属国家驻华外交、领事官员要求探视的，决定机关应当及时安排。该外国人拒绝其所属国家驻华外交、领事官员探视的，公安机关可以不予安排，但应当由其本人出具书面声明。

第二百五十七条　办理涉外行政案件，本章未作规定的，适用其他各章的有关规定。

第十四章　案件终结

第二百五十八条　行政案件具有下列情形之一的，应当予以结案：

（一）作出不予行政处罚决定的；

（二）按照本规定第十章的规定达成调解、和解协议并已履行的；

（三）作出行政处罚等处理决定，且已执行的；

（四）违法行为涉嫌构成犯罪，转为刑事案件办理的；

（五）作出处理决定后，因执行对象灭失、死亡等客观原因导致无法执行或者无需执行的。

第二百五十九条　经过调查，发现行政案件具有下列情形之一的，经公安派出所、县级公安机关办案部门或者出入境边防检查机关以上负责人批准，终止调查：

（一）没有违法事实的；

（二）违法行为已过追究时效的；

（三）违法嫌疑人死亡的；

（四）其他需要终止调查的情形。

终止调查时，违法嫌疑人已被采取行政强制措施的，应当立即解除。

第二百六十条　对在办理行政案件过程中形成的文书材料，应当按照一案一卷原则建立案卷，并按照有关规定在结案或者终止案件调查后将案卷移交档案部门保管或者自行保管。

第二百六十一条　行政案件的案卷应当包括下列内容：

（一）受案登记表或者其他发现案件的记录；

（二）证据材料；

（三）决定文书；

（四）在办理案件中形成的其他法律文书。

第二百六十二条　行政案件的法律文书及定性依据材料应当齐

全完整，不得损毁、伪造。

第十五章　附　　则

第二百六十三条　省级公安机关应当建立并不断完善统一的执法办案信息系统。

办案部门应当按照有关规定将行政案件的受理、调查取证、采取强制措施、处理等情况以及相关文书材料录入执法办案信息系统，并进行网上审核审批。

公安机关可以使用电子签名、电子指纹捺印技术制作电子笔录等材料，可以使用电子印章制作法律文书。对案件当事人进行电子签名、电子指纹捺印的过程，公安机关应当同步录音录像。

第二百六十四条　执行本规定所需要的法律文书式样，由公安部制定。公安部没有制定式样，执法工作中需要的其他法律文书，省级公安机关可以制定式样。

第二百六十五条　本规定所称"以上"、"以下"、"内"皆包括本数或者本级。

第二百六十六条　本规定自2013年1月1日起施行，依照《中华人民共和国出境入境管理法》新设定的制度自2013年7月1日起施行。2006年8月24日发布的《公安机关办理行政案件程序规定》同时废止。

公安部其他规章对办理行政案件程序有特别规定的，按照特别规定办理；没有特别规定的，按照本规定办理。